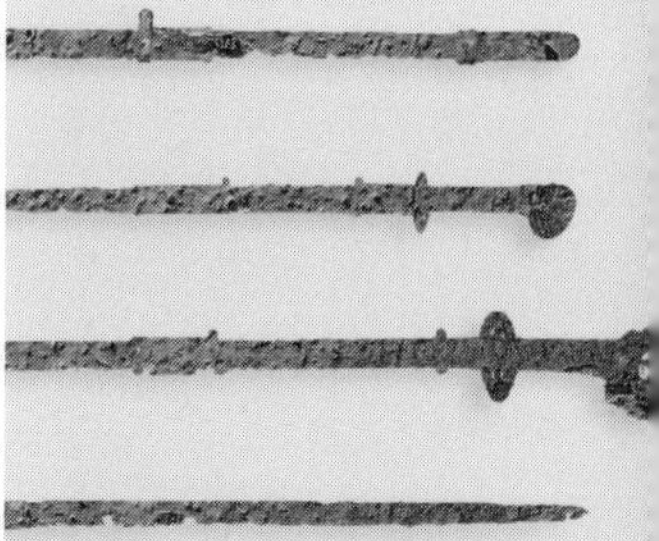

古代神宝の謎

神々の秘宝が語る日本人の信仰の源流

古川順弘
Furukawa Nobuhiro

二見書房

はじめに――神宝とは

歴史の古い神社に、「神宝」と呼ばれるものを伝えているところがある。具体的にいえば、鏡や剣などが多く、それを神社の御神体としているところもある。

「神宝」はふつう、「じんぽう」「しんぽう」と読まれるが、訓読みでは「かんだから」「かむだから（かむたから）」となる。たとえば、『日本書紀』をみると、第十代崇神《すじん》天皇の詔《みことのり》のなかに、次のようにある。

武日照命《たけひなてるのみこと》の、天《あめ》より将《も》ち来《きた》れる神宝《かむたから》を、出雲大神《いづものおほみかみ》の宮《みや》に蔵《をさ》む。是《これ》を見欲《みまほ》し。（崇神天皇六十年七月十四日条）

出雲大社には武日照命という神が天界から持ってきたと伝えられる神宝が納められているそうだが、それをぜひともこの目で見たい、と時の天皇が述べたのだという。だが、その「神宝」が具体的に何であったかは、『日本書紀』は明記していない。

神宝を、その字面から漠然と「神社が所蔵する宝物」と解する人も多いかもしれない。たしかに、たとえば「寺宝」といえば、寺院に伝えられる宝物類をさす。

だが、神宝とは、まず第一の意味としては、崇神天皇の言葉に現れているように、神々が所有していた品物、あるいは神々から人間に授けられた品物を指す。つまり、それは本来は「神の財物」である。その意味では、神宝を「神財」「神物」と言い換えてもよい。人間による神への捧げもの、すなわち神社への奉納品も「神宝」と呼ばれるが（たとえば、伊勢神宮の遷宮《せんぐう》の折に奉献される新調された装束や調度品は「神宝」と呼ばれる）、人間の手で作られたものであっても一たび奉献されたものは神が所有するものとなり「神の財物」となると考えられたからこそ、「神の宝」と呼ばれるようになったのだろう。

つまり、神宝は、霊威を帯びた神の所有物と考えられたゆえに「宝《たから》」として尊ばれたのである。皇位の御璽《みしるし》である鏡・剣・曲玉《まがたま》から成る「三種の神器」が古典のなかでときに「宝物」「神宝」とも呼ばれるのは、これらが、神から皇室の祖先に託された宝物として、つまりあくまでも「神の財物」として伝来したゆえであろう。

古代においては、神威をまとった神宝は大王や豪族の権威の象徴となり、権力の源泉となった。またあるいは、彼らの神を祀る祭祀の祭器として用いられ、神霊の宿るものとして神社に安置され、崇拝の対象ともなった。つまり、神宝は、神道においては、ときに神の化身として扱われるのである（注記しておくと、神宝を御神体とする神社もあるが、神社の祭神の御霊代《みたましろ》としての御神体と、神の財物である神宝とは、正確には区別される概念であり、両者はイコールの関係ではない）。

そのような神宝は、歳月を重ねるにつれて聖性をより強く帯びるようになり、神社に大切に保管されたがゆえに、奇跡的に、現在まで伝えられるに至ったのである。

だが、「三種の神器」や神社の御神体がそうであるように、実見することがタブー視され、その実態が不明である場合も少なくない。またもちろん、氏族や神社の衰退などの影響を受けて、行方がわからなくなってしまったものもある。

このような日本の歴史の物言わぬ証人でもある「神宝」をトピックとして取り上げ、その伝説・伝承や信仰をたどり、「神宝」という観点から、古代史を探ってみようというのが本書の試みである。

ブックデザイン＝Nakaguro Graph（黒瀬章夫）
DTP＝片野吉晶

目次

関連地図

奈良北部拡大地図
0km
10km
奈良市
天理教会本部
石上神宮
唐古・鍵遺跡
他田坐天照御魂
神社（春日神社）
鏡作坐天照
御魂神社
三輪山
大神神社
善光寺
出石神社
熱田神宮
出雲玉作跡
出雲大社
荒神谷遺跡
加茂岩倉遺跡
仏経山
石上神宮
石上布都
御魂神社
住吉大社
伊勢神宮
日前神宮・
国懸神宮
鏡作坐天照
御魂神社
他田坐天照
御魂神社

第一章

熱田神宮と草薙剣

9 草薙剣はかつて正殿ではなく土用殿に祀られていた

愛知県名古屋の名社・熱田神宮《あつたじんぐう》（名古屋市熱田区神宮）は「三種の神器」のひとつ、草薙剣《くさなぎのつるぎ》を祀っていることで古来有名である。

広大な社叢に囲まれた本宮の社殿は、棟持柱《むなもちばしら》をもつ素木《しらき》造りで、伊勢神宮の正殿にならったいわゆる神明《しんめい》造りである。草薙剣はこの社殿の奥に、決して人目に触れることなく、安置されている。

現在、熱田神宮では、祭神を熱田大神《あつたのおおかみ》とし、熱田大神とは「草薙剣を御霊代《みたましろ》とする天照大神《あまてらすおおみかみ》のこと」と説明している。わかりにくい表現だが、至高の霊剣である草薙剣をアマテラス（天照大神、天照大御神）の神霊の依《よ》り代《しろ》として祀り、その草薙剣に宿るアマテラスの神霊をとくに「熱田大神」と尊称する、ということであろう。そして、相殿神《あいどののかみ》として、天照大神、素戔嗚尊《すさのおのみこと》、日本武尊《やまとたけるのみこと》、宮簀媛命《みやずひめのみこと》、建稲種命《たけいなだねのみこと》を祀っている。最後の二神は一般にはなじみが薄いが、いずれも熱田土着の豪族・尾張氏の遠祖とされる神話的人物である。

熱田神宮に参詣したら、本宮だけでなく、その東側にある小さな社もぜひ詣でてほしい。その社は「土用殿《どようでん》」という。そこは、何が祀られている社なのか。土用殿のわきに建つ木札にはこう説明書きがあるはずだ。

神剣が明治の御社殿改造まで奉安されていた御殿である。

じつは、明治以前の熱田神宮は、今とはだいぶおもむきが違っていた。

神宮号が天皇によって宣下《せんげ》されて「熱田神宮」が正式名称となったのは明治元年(一八六八)のことで、それ以前は、熱田神社、熱田社などと呼ばれていた。

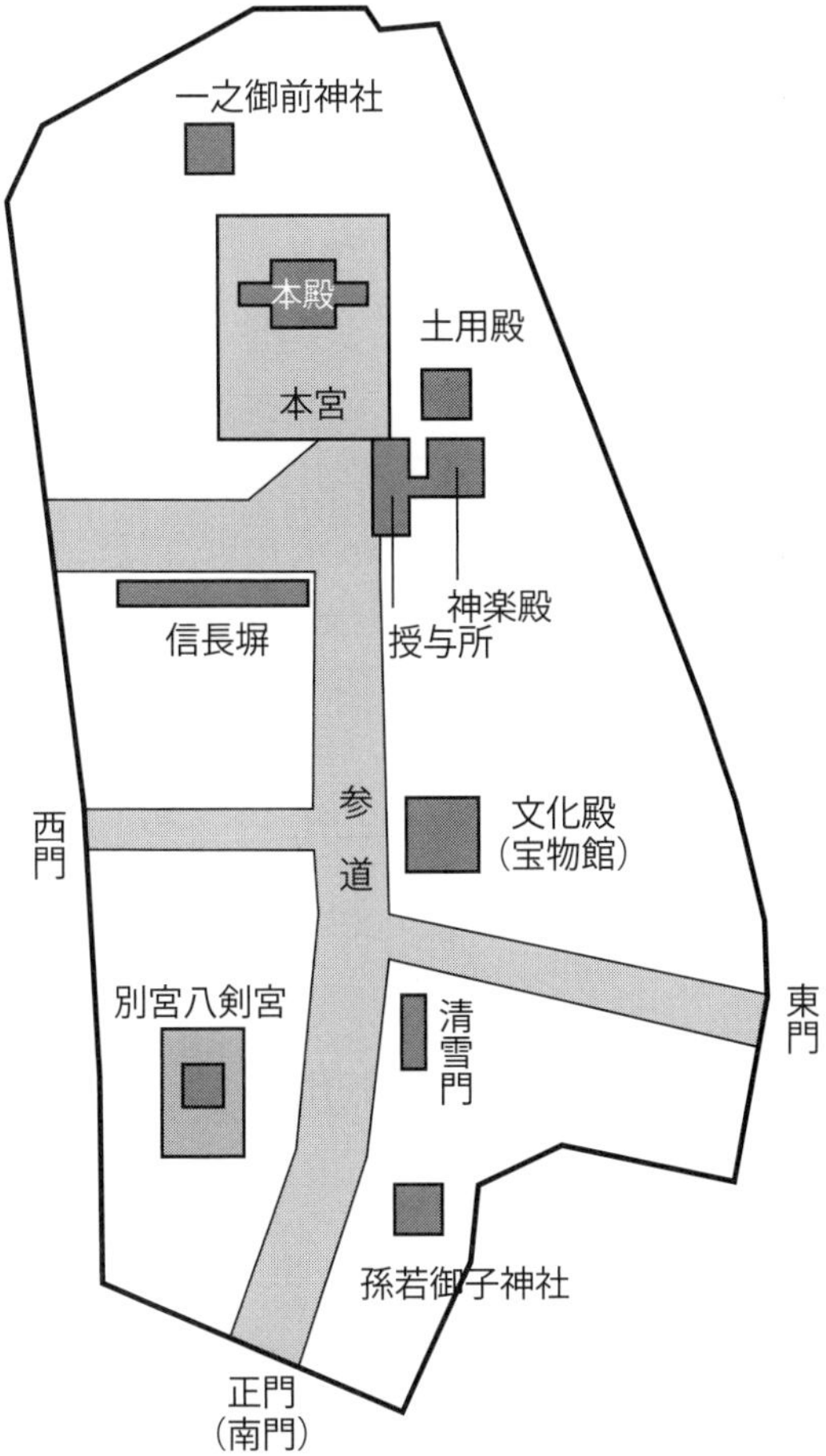

現在の熱田神宮の境内概略図。

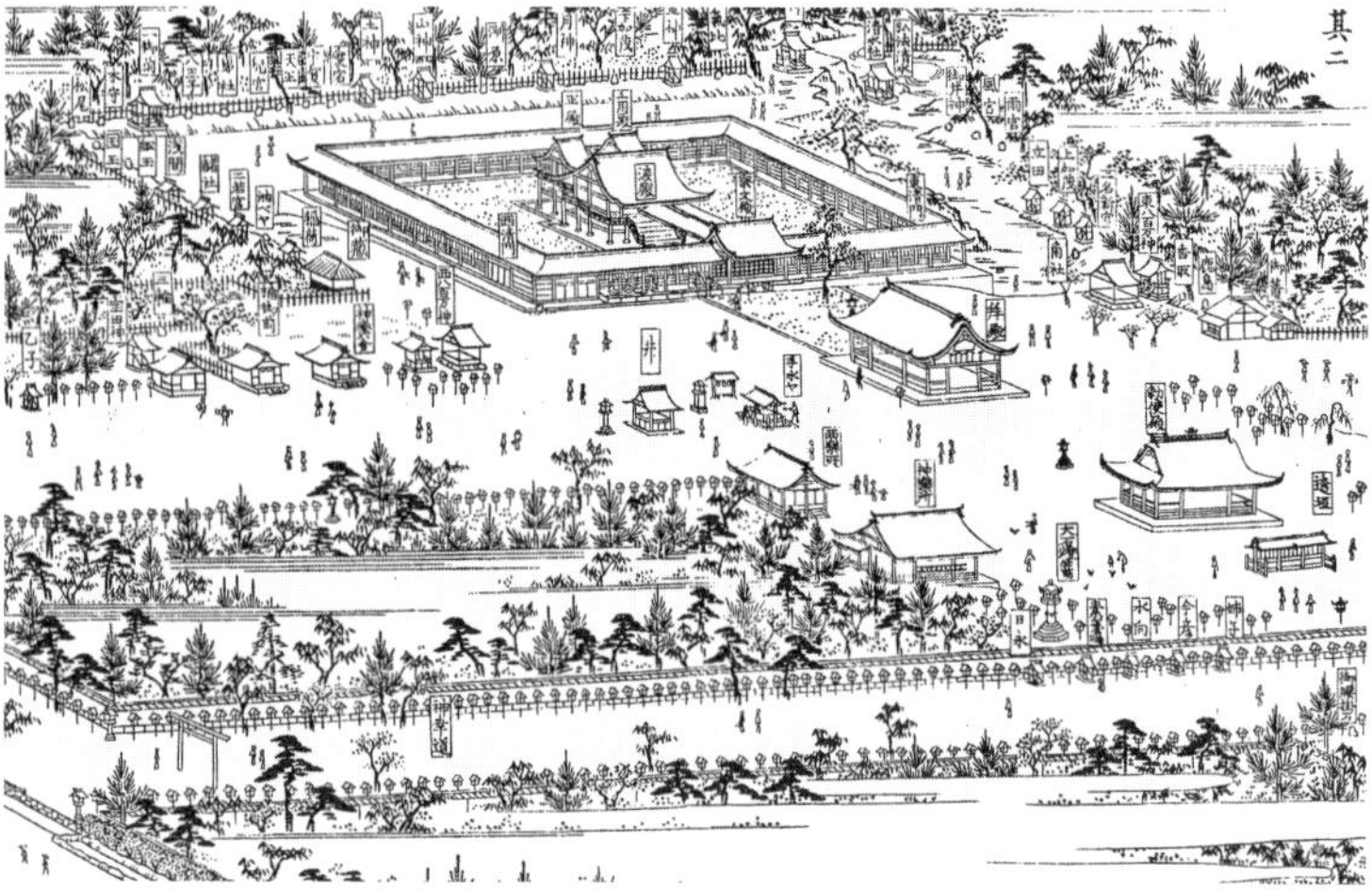

江戸時代の熱田神宮境内。本殿が正殿と土用殿に分かれている。『尾張名所図会』（1841年）より。

明治なかばまでは社殿は神明造りではなく、長らく「尾張造り」と呼ばれるものであった。尾張造りとは、簡単に言えば、本殿を廻廊が囲む独特の様式である。

しかも、その本殿にあたる部分は、西の正殿（「大宮」とも呼ばれた）と東の土用殿（渡《と》用殿《ようでん》とも呼ばれた）に分かれており、正殿には五座の神が祀られ、土用殿には前述したように草薙剣が奉斎《ほうさい》されていたのだ。土用殿がいつからあったかは定かではないが、室町時代の境内図には、正殿と土用殿がならび建つ姿が描かれている。

つまり、現在の熱田神宮では草薙剣は主祭神のような扱いを受けているが、かつて草薙剣は、正殿に祀られる神々と並列的な扱いで祀られていたのである。

しかも、明治より以前の正殿の祭神については、現在の相殿神と同じく「天照大神、素戔嗚尊、日本武尊、宮簀媛命、建稲種命《たけいなだねのみこと》」の五神とする史料もあるが、日本武尊を主祭神とし、さらにアマテラスを欠いてその代わりに奇稲田姫《くしなだひめ》（スサノオの妃神）を入れるものもあり（『神名帳考証』『熱田神社問答雑録』）、五座の内訳はじつは一定していない。

このような事実は、熱田神宮で奉斎されてきた「草薙剣」が、古来、必ずしも一貫して「アマテラスの御霊代」であったわけではなかったこと――すなわち草薙剣と祭神の関係について混乱があったことを物語っている。そしてそのことは、「草薙剣」の来歴をめぐって、多くの謎を喚起させることにもつながっているのだ。

ちなみに、社殿が神明造りに改造されたのは、明治二十六年（一八九三）のことである。天皇の神格化が強まるなかで、皇室の「三種の神器」の神威をいやがうえにも高めるべく、熱田神宮を八咫《やた》の鏡《かがみ》を御神体とする伊勢神宮と同格とする必要性に駆られ、社殿の大改築と神剣の主殿への遷座《せんざ》が実施されたのだろう。

記紀にみる草薙剣のルーツ

そもそも草薙剣は、歴史あるいは神話の上では、どのような由来をもち、そしてどのような経緯をへて熱田神宮に祀られることになったのだろうか。

まずは、『古事記』『日本書紀』（以下、記紀と略記）にもとづきながら、神剣のルーツをたどってみよう。

草薙剣（『古事記』では「草那芸剣《くさなぎのつるぎ》」「草那芸之大刀《くさなぎのたち》」と表記される）といえば、これを携えて東国平定を行ったヤマトタケル（日本武尊、倭建命）のことがすぐに連想されるだろうが、この神剣をまず最初に手にした英雄はヤマトタケルではなく、彼よりもはるかに時代をさかのぼる、スサノオ（素戔嗚尊、須佐之男命）である。そして神剣をめぐる神代のストーリーをまとめると、およそ次のようになる（固有名詞の漢字表記は『日本書紀』のものを用いた）。

乱暴狼藉を働いたがゆえに高天原《たかまのはら》から追放されたアマテラスの弟神スサノオは、出雲国の簸《ひ》の川のほとりに降り立った。するとそこで、その国の人々が八岐大蛇《やまたのおろち》に苦しめられていることを知り、十握剣《とつかのつるぎ》（「一握」は握りこぶしほどの長さをさし、十握剣といえば、非常に長い剣であることをさす）で大蛇をずたずたに斬り殺した。

ところが尾を斬ったとき、長大な十握剣の刃が少し欠けてしまった。そこで尾を割いて中を見てみると、そこに一本の剣があった。大蛇の上に常に雲気があったので、この神剣は天叢雲剣《あまのむらくものつるぎ》と呼ばれた。これが、後に草薙剣と呼ばれることになる剣であった。

その剣すなわち草薙剣を取り出したスサノオは、「これは不思議な剣だ、どうして私物にできようか」と言ってそれを天つ神《あまかみ》（アマテラスをはじめとする高天原の神々）に献上した。

その後、天孫瓊瓊杵尊《ににぎのみこと》が天つ神の命を受けて高天原から高千穂に降臨しようとしたとき、アマテラスは八坂瓊曲玉《やさかにのまがたま》、八咫鏡、草薙剣の「三種の宝物《たからもの》（三種の神器）」を彼に授けた。

そしてアマテラスは、瓊瓊杵尊にこう詔《みことのり》した。

「葦原の千五百秋《ちいおあき》の瑞穂《みずほ》の国（日本の美称）は、わが子孫が王たるべき国である。皇孫が行って治めなさい。さあ行きなさい。宝祚《あまのひつぎ》（天皇）が栄えることは、天地とともに窮《きわま》りないでしょう」

神勅を承った瓊瓊杵尊は三種の神器を奉じて高千穂に天降った。

『古語拾遺』にみる草薙剣

記紀では、これ以降、第十二代景行《けいこう》天皇の箇所まで草薙剣の出番はない。ところが、記紀を補完する内容をもつ、平安時代初期成立の『古語拾遺《こごしゅうい》』には、この間の草薙剣の消息を伝える記事がある。『古語拾遺』は祭祀氏族の斎部《いんべの》（忌部）広成《ひろなり》によって編纂され大同二年（八〇七）に平城《へいぜい》天皇に献上されたもので、記紀と重複する内容が多いが、同書の草薙剣に関する記述の要点をまとめると、およそ次のようになる。


瓊瓊杵尊の曾孫にあたる神武天皇は九州から大和へ東征し、大和の橿原宮《かしはらのみや》で即位式を行ったが、このとき、草薙剣は八咫鏡とともに正殿に奉安された。

ところが第十代崇神《すじん》天皇は、その神威を畏れるあまり、アマテラス（＝八咫鏡）と草薙剣を宮中から離して祀ることとした。そして、八咫鏡と草薙剣を模して新たに鏡・剣を造ってこれを天皇の護身用とし、アマテラスと草薙剣本体は宮中から大和の笠縫邑《かさぬいのむら》に遷され、崇神の皇女豊《とよ》鍬入姫命《すきいりびめのみこと》によって奉斎された。次の垂仁《すいにん》朝では、アマテラスに仕える巫女役は豊鍬入姫命から垂仁天皇皇女の倭姫命《やまとひめのみこと》にひき継がれ、倭姫命は神託に従って伊勢に向かい、そこに祠《やしろ》をたてた。

神武即位の折に草薙剣と八咫鏡が正殿に奉安されたことは、これらの神器が皇位の御璽《みしるし》として歴代の天皇に継承されていったことを暗示している（曲玉については言及がないため、「三種の神器」は当初は「二種」だったのではないか、とする説がある）。

また、倭姫命の伊勢行は、一般に、アマテラスの御霊代である八咫鏡が伊勢に祀られたこと、つまり伊勢神宮の創祀をさすととらえられている（なお、『日本書紀』には崇神朝にアマテラスが宮中から離して祀られるようになり、垂仁朝で倭姫命によって伊勢に祀られたという記述はあるが、草薙剣については全く触れられていない。また『古事記』には倭姫命によるアマテラスの伊勢奉遷自体の記述がない）。

記紀はもちろん『古語拾遺』にもはっきりとして言及はないが、一般的には、このとき、草薙剣も八咫鏡とともに倭姫命の手によって伊勢に奉遷されたのだろうと考えられている。

崇神朝に草薙剣のレプリカがつくられて宮中に祀られ、本体は伊勢に遷された

ここで注目しておきたいのは、崇神・垂仁朝の八咫鏡・草薙剣の宮中から伊勢への奉遷にあたっ

て、それぞれの分身（レプリカ、御代器《みしろき》）が作成され、宮中にはその分身（神鏡と宝剣）が祀られた、という伝承である。

そして以後、宮中では、八咫鏡と草薙剣の本体ではなく、その分身たる神鏡と宝剣が、曲玉とともに皇位のシンボルとして連綿と継承され、現代に至っているということになっている。

ただし宮中のその分身は古代・中世にかけて何度か火事や戦乱などの影響で受難し、宝剣にいたっては、壇ノ浦の戦いで平家が敗れた折に、平家が擁した幼帝安徳とともに水没し、海に消えてしまっている。そのため、安徳後の後鳥羽天皇と土御門《つちみかど》天皇の二代では清涼殿《せいりょうでん》の「昼《ひ》の御座《おまし》」に置かれていた御剣をやむなく宝剣の代用とし、その次の順徳天皇からは、伊勢神宮から贈られた御剣を宝剣と定め、正式の神器としたという。

三種の神器については、神話に由来する深い歴史を秘めた神宝が今も皇居に伝えられていると思われがちである。それはそれで必ずしも間違いとはいえないのだが、皇居に祀られている三種の神器のうち、鏡と剣の二つは、正確には、本体ではなく、崇神朝にルーツをもつと考えられている、その分身であるということはおさえておきたい。

ちなみに、神鏡は皇居の宮中三殿のひとつである賢所《かしこどころ》に、曲玉（こちらは分身ではなく、本体そのものとされる）と宝剣は天皇・皇后両陛下の寝室の隣に設けられている「剣璽《けんじ》の間」に安置されている。

そして、神鏡の本体＝八咫鏡は伊勢神宮の内宮に、宝剣の本体＝草薙剣は熱田神宮に祀られている、とされてきたのである。

なお、三種の神器としての曲玉（勾玉）、鏡、剣が象徴する意味については、『日本書紀』仲哀《ちゅうあい》天皇八年正月条にみえる、筑紫の豪族、五十迹手《いとて》が天皇に対して述べた、次のような言葉が参考になるだろう。

天皇が、八尺瓊の曲がっているように上手に天下をお治めになり、また白銅鏡のように明らかに山川や海原をご覧になり、十握剣を引き提げて天下を平定していただきますように。

（天皇、八尺瓊の勾《まが》れる如くにして、曲妙《たへ》に御宇《あめのしたしろしめ》せ、且《また》、白銅鏡《ますみのかがみ》の如くにして、分明《あきらか》に山川海原を看行《みそなは》せ、乃《すなは》ち是の十《と》握剣《つかのつるぎ》を提《ひきさ》げて、天下《あめのした》を平《む》けたまへ）

ヤマトタケルと草薙剣、熱田神宮の関係

垂仁の次の景行朝において、草薙剣はヤマトタケルに手挟まれて華々しい活躍をみせるのだが、これについて、記紀はおよそ次のように記している。

父景行天皇から東国征討を命じられたヤマトタケルは、東国へ向かう途次、伊勢神宮に詣でた。するとそのとき、叔母の倭姫命が現れて彼に草薙剣を授け、「気をつけて、決して油断しないように」と言葉をかけた。

月岡芳年画「草薙剣とヤマトタケル」。『大日本史略図会』（1880年）より。

草薙剣を倭姫命から授けられたヤマトタケルは、伊勢を発ち、駿河に至った。

賊にだまされてヤマトタケルが野に入ると、野に火が放たれ、タケルの身は炎に囲まれた（この場所を『日本書紀』は焼津、『古事記』は相模国とする）。だがそのとき、タケルは草薙剣で草を刈り払い、火打石で火を起こして向かい火をつけて野火を退け、難を逃れることができた（『日本書紀』はこの箇所に、「一説に、この剣は、自ら抜け出て草を薙ぎ払ったので、草薙剣という」という注記を加えている）。

その後、東国の征討を果たしたタケルは尾張に入り、尾張氏の遠祖・宮簀媛を妃に迎えた。そしてさらに近江の伊吹山の神を討ち取ろうと出かけたが、このとき、草薙剣を外して宮簀媛に預けてしまう。

すると、タケルは山の神の毒気にあてられて病にかかり、山を下りて彷徨した末に、伊勢の能褒野《のぼの》でついに力尽き、亡くなってしまった。

タケルがさしていた草薙剣は今、熱田神宮にある（「初め、日本武尊の佩《はか》せる草薙横刀《くさなぎのつるぎ》は、是今《これいま》、尾張国の年魚市郡《あゆちのこほり》の熱田社《あつたのやしろ》に在り」景行紀五十一年八月四日条）。

このように記紀はヤマトタケルと神剣草薙剣との不思議な因縁を記し、かつ、この話は草薙剣を祀る熱田神宮の縁起譚にもなっている。

また、「寛平《かんぴょう》二年」（八九〇年）の奥書をもつ『尾張国熱田太神宮縁起』は、記紀のヤマトタケル伝説をほぼなぞるような形で熱田神宮の縁起を記しているが、タケル薨去《こうきょ》から神宮創建に至る経緯については、次のように記紀よりもやや詳しい。

宮酢媛（宮簀媛）はかつての約束通り、ヤマトタケルの床を守り、そこに神剣を安置していたが、その霊験が著しく、また宮酢媛も衰えてきたので、人々が集まって諮《はか》った結果、社地を定めて神剣を祀ることとした。そこには楓の樹が一株あったが、おのずと燃えて田んぼに倒れたので、「熱田」と呼ばれるようになった。

つまり、宮簀媛が夫ヤマトタケルの形見ともいえる草薙剣を尾張の地に奉祀したのが、熱田神宮の起源とされ、熱田社が先にあって剣が祀られたのではなく、剣が祀られて熱田社がつくられたと説明されているわけだが、神剣を奉る宮簀媛の姿には、アマテラスを伊勢に奉遷した倭姫命のそれと重なるものがある。ちなみにこの『尾張国熱田太神宮縁起』では、ヤマトタケルの東征に、宮簀媛の兄建稲種命（現在の熱田神宮の相殿五神の一柱）も付き従ったことになっている。

草薙剣はアマテラスではなく、ヤマトタケルの御霊代だった

ここまでで注目しておきたいのは、次の二点である。

①草薙剣は、神話上では「天叢雲剣《あまのむらくものつるぎ》」というのが本名であって、「草薙剣」というのは後になって生じた異称のようなものである。また、「草薙剣」という呼称はこの神剣が草を薙ぎ払ったことに由来する、と『日本書紀』は説いているが、「クサナギ」の語義については、蛇を古語でナギともいうことから「臭し蛇＝獰猛な蛇」の意とする説が有力である。つまり、草薙剣という呼称には、蛇の形状や神秘性、あるいはその出処である八岐大蛇が投影されているとも考えられる。また、地方によっては焼畑をナギということから、タケルの火難伝承を焼畑文化と結びつける説もある。つまり、「草薙剣」には伝承の重層性が認められる。

②草薙剣は、現在の熱田神宮では「アマテラスの御霊代」と説明されているが、記紀や『古語拾遺』『尾張国熱田太神宮縁起』のような古典では、ヤマトタケルとの結びつきが強調されている。また、『尾張国風土記《ふどき》』逸文では、ヤマトタケルは宮簀媛に対して「この神剣を私の形影《みかげ》として大切

に祀りなさい」と命じている。「形影」は「形代」、「御霊代」と言い換えることもできる。つまり、草薙剣は本来はヤマトタケルの御霊代として熱田神宮に祀られていた可能性がある。そうであるならば、明治より以前の史料に、アマテラスではなくヤマトタケルを熱田神宮の主祭神とするものがあることにも納得できる。

『日本書紀』に記された七世紀の草薙剣盗難事件

かくして草薙剣は熱田神宮に奉祀されたわけだが、その旅路はまだ終わりではなかった。景行朝よりはるかに時代を下った天智《てんじ》天皇の御世、すなわち完全な歴史時代に入った七世紀中頃、この神剣をめぐる盗難事件が湧き起こっているのだ。

これを明記するのは『日本書紀』の天智天皇七年（六六八）是歳《ぜさい》条である。

> 是歳、沙門《ほふし》道行《だうぎやう》、草薙剣を盗みて、新羅《しらぎ》に逃げ向《ゆ》く。而《しかう》して中路《なかみち》に風雨にあひて、荒迷《まど》ひて帰る。

熱田神宮に安置されていた草薙剣を道行《どうぎょう》という僧侶（「沙門」とは男性出家者、僧侶のこと）が盗み、朝鮮の新羅に逃げようとしたが、嵐に遭って渡航を果たせず、帰って来た、というのである。神剣の盗難は『古語拾遺』にも次のように記されている。

草薙の神剣は、尤《まこと》に是天璽《これあまつしるし》なり。日本武尊愷旋《こころとけてかへ》りたまひし年に、留《とどま》りて尾張の熱田社に在《いま》す。外賊《ぬすびと》偸《ぬす》みて逃げしかども、境《さかひ》を出づること能《あた》はず。神物《かむだから》の霊験《くすしきしるし》、此を以て観《み》るべし。（『遺《も》りたる一』）

『古語拾遺』には誰が盗み出したのか書かれていないが、「境を出ることができなかった」とあるので、やはり草薙剣は帰って来たと伝えられていることになる。

では、いったいどこへ草薙剣は帰ったのか。——もちろん、「熱田神宮に戻って来た」と考えるのが普通だろう。

ところが、そうではなかったらしい。『日本書紀』天武天皇の朱鳥《しゅちょう》元年（六八六）六月十日条に次のような記述があらわれるからだ。

天皇の病を卜《うらな》ふに、草薙剣に崇《たた》れり。即日《そのひ》に、尾張国の熱田社に送り置く。

盗難事件の十八年後、天武《てんむ》天皇（天智天皇の弟）が病気になった。そこで占ったところ、草薙剣の祟りと出たので、その日のうちにその神剣を熱田神宮に送り返したのだという。

天智朝の記述とあわせると、ここで明らかに言えることは、次の二点だろう。

○天智天皇七年（六六八）、草薙剣は熱田神宮から僧道行によっていったん盗み出されたが、道行は渡航に失敗し、草薙剣は国内に留め置かれた。

○朱鳥元年（六八六）、天武天皇の病を癒すため、草薙剣は熱田神宮に奉還された。

では、六六八年から六八六年までの十八年間、草薙剣はどこに置かれていたのだろうか。

通説は、「宮中に奉斎されていた」である。事件後、神剣は天皇のもと（天智朝の宮都は近江大津宮《おうみのおおつのみや》、天武朝の宮都は飛鳥浄御原宮《あすかのみよみはらのみや》）に留め置かれていたが、その強い霊威が天皇に祟ったため、宮中から本来の鎮座地である熱田神宮に送り返された、という見方である。

この説はたしかに合理的で無難な見方だが、裏付けとなる決定的な史料はないので、結局は推測の域を出ず、当然異論もある。

そうした異論のうちで興味深いものに、「草薙剣は、一時、大阪の住吉《すみよし》大社に置かれていた」とする説がある。

❾ 草薙剣が住吉大社に秘蔵されていたことを記す『住吉大社神代記』

大阪の住吉大社。

「住吉大社説」を唱えたのは、日本古代史の碩学で、『住吉大社神代記』の研究でも名高い、田中卓氏である。以下では『住吉大社事典』（国書刊行会）収載の田中卓「神宝の神世草薙釼」に依拠して、この説を紹介してみよう。

底筒男命《そこつつのおのみこと》、中筒男命《なかつつのおのみこと》、表筒男命《うわつつのおのみこと》の三海神（住吉大神と総称される）と神功《じんぐう》皇后を主祭神とする大阪の名社住吉大社に伝来する古文書に『住吉大社神代記』がある。長く大社に秘蔵され、門外不出とされたため、「中世に紛失した」とも言われていたが、幕末頃から写本が作られてその内容が少しずつ知られるようになり、昭和十一年（一九三六）には原本の原寸大の複製本が発刊され、以後、本格的な紹介・研究がなされるようになった。

内容は、住吉大社の鎮座や縁起、神領、神宝などを記録したもので、記紀にもみられない独自の古伝承が含まれている。奥書によれば本書の成立は天平三年（七三一）だが、内容や文体の点からこの年代を疑問視し、本書を後世の造作とみて、実際の成立年代を平安時代初期以降に置く説もある。しかし、『住吉大社神代記』が住吉大社に関する古縁起として、最古級に属する重要な史料であることは間違いない。

この『住吉大社神代記』に「神財流代長財《かむだからつたふることよにながきたから》」と題された項があり、そこには大社の神宝が列記されているのだが、その一番初めになんと「神世草薙剣一柄《かむよのくさなぎのつるぎひとつか》」が挙げられているのだ。つまり、天平三年（七三一）当時、住吉大社に秘蔵されていた神宝に、神世伝来の草薙剣があったというのだ。

だが、現代の住吉大社にはもちろん「草薙剣」と呼ばれる神宝は存在しない。そもそも、『住吉大社神代記』が公表されるまでは、住吉大社に草薙剣があったという話は、全く知られていなかった。

これは、いったいどういうことなのか。

『尾張国熱田太神宮縁起』にみる盗難事件の詳細

ここで田中氏は、天智朝の草薙剣盗難事件の顚末について、記紀よりも詳細に記す『尾張国熱田太神宮縁起』の記事に着目する。やや長くなるが、その部分を現代語訳してみよう。

天智天皇七年、新羅の僧道行はこの神剣を盗み、本国に移そうとした。そしてひそかに神祠

（つまり熱田神宮）に入り込み、剣を取って袈裟に包み、伊勢国に逃げた。ところが、一晩のうちに神剣が袈裟を脱して、本社（熱田神宮）に帰ってしまった。

そこで道行はまた熱田神宮に還り至り、懸命に祈願をして再び袈裟につつんで摂津国に逃げた。そして難波津から纜《ともづな》を解いて新羅に帰ろうとしたが、海の中で方角がわからなくなり、再び難波津に漂着した。

すると、ある人がこう神託を述べた。

「我は熱田の剣神なり。妖僧に欺かれて新羅に運ばれそうになったが、一度目は七条の袈裟に包まれたので、抜け出て熱田神宮に還ることができた。二度目は九条の袈裟に包まれたので、抜け出ることが難しい」

これに人々は驚き、東に西に道行の行方を捜し求めた。

一方、道行は、神剣を捨てれば捕えられないだろうと思ってこれを捨てようとしたが、神剣は道行のからだから離れず、道行の術の力は失われたため、やむなく自首し、ついに打ち首になった。

天武天皇の朱鳥元年六月十日、天皇の病気は草薙剣の祟りだと占いで出たので、ただちに勅によって尾張国の熱田社にそれを還した。

『日本書紀』では、草薙剣を盗んだ道行について、たんに「風雨に遭って帰って来た」としか記されていないが、熱田神宮の古縁起では、「新羅僧道行は摂津国の難波の港から船に乗って母国新羅をめざしたが、風雨に遭って結局難波の港に戻らざるを得なくなり、最後は観念して自首し、神剣は無事取り戻された」と細かに顛末が綴られているのである。

なお、道行はここでは最後は刑死したことになっているが、愛知県知多半島北部にある名刹法海《ほうかい》寺《じ》は道行を開山としており、寺伝によれば、草薙剣を盗んで新羅へ逃亡することに失敗した道行は、いったん尾張の星崎（現・名古屋市）に幽閉された。だが、のちに寺を建て、その加持力によって天智天皇の病を治したので、天皇は自ら刻した薬師如来像を彼に与え、これが法海寺の本尊になったという。

法海寺の史料上の初出は室町時代のことで、この寺伝は史実そのままとは思われないが、道行という僧侶の人物像には明暗がある。

住吉大社に安置されたのは草薙剣のレプリカか

興味深いエピソードが『尾張国熱田太神宮縁起』にはいくつもみられるが、とりあえずここで注目されるのは、盗まれた草薙剣の奪還の舞台となったのが「難波津」（難波の港）だった、ということだ。

難波津の守護神といえば、住吉大社である。住吉大社は、古来、難波の海を治める神、航海の神として朝野で崇敬されてきたからである。

そこで田中氏は、誰が道行の捜索に向かったのかはわからないが、おそらく「草薙剣が無事に取り戻されたのは、住吉大神のおかげ」と考えられたに違いないとし、さらにこう推測する。

（取り戻された草薙剣は）本来ならば、直ちに熱田神宮に還されるべきところでしょうが、熱田としては神剣を盗まれた責任もあり、しばらく住吉大社にその神剣が置かれていたんだろうと、私は思うんです。

つまり、盗難事件によって、一時、草薙剣は住吉大社に留め置かれることになった。では、その後はどうなったのか。田中氏は続けてこう推測している。

天武天皇が病気になったとき、草薙剣の祟りと占われたので、朝廷は住吉大社に命じてその神剣を熱田神宮に返還させた。しかし、住吉大社に対しては、神威に感謝する意味で、この神剣の「御《み》代器《しろき》」（分身、レプリカ）を作り、神宝として奉納したのではないか――。

田中説のここまでの流れを整理すると、次のようになる。

①天智朝、草薙剣は道行によって熱田神宮から盗まれた。

②しかし、住吉大神の神異によって草薙剣は難波津に帰着し、住吉大社に安置された。

③天武朝、天皇に祟りをなしたと畏れられた草薙剣は、住吉大社から熱田神宮に返還された。
④朝廷から住吉大社に、報謝として草薙剣の御代器が奉納された。

田中氏によれば、これが、草薙剣の「空白の十八年間」の真相である。

聖なる神剣に対して、安易にその模造品（御代器）をつくれるものだろうか――といぶかる人もいるかもしれない。だが、先述したように、古典によれば、崇神朝には草薙剣のみならず八咫鏡についても分身がつくられている。このことを思えば、本体を返還した住吉に御代器が奉献されたという推測は、決して不自然なものではなかろう。

そしてこの説に立てば、奈良もしくは平安時代に成立した『住吉大社神代記』に神宝として冒頭に記載されている「神世草薙剣」は、本体ではなく御代器をさしていることになり、「天武朝に草薙剣は熱田神宮に返された」という『日本書紀』や『古語拾遺』『尾張国熱田太神宮縁起』の記述とも矛盾しない。

参考までに指摘しておくと、『平家物語』（屋代本）の「剣巻」は、草薙剣の由来について触れているが、剣を盗んだ道行は、熱田神が追手として下した住吉明神によって討たれた、としている。


筑紫の博多まで逃げ延《のび》たりけるを、熱田大明神、安からず思食《おぼしめし》て、住吉大明神を討手に遣《つか》はさりけり。

住吉大社の神宝「草薙剣」は江戸時代まで摂社に伝えられていた

だが、繰り返しになるが、現在の住吉大社には、草薙剣はもちろんのこと、その御代器として伝えられる剣も存在しない。では、かつて神宝として大社に納められていたはずの神剣の分身は、いったいどこへ消えてしまったのだろうか。

田中氏はこの問題についても考証を試み、江戸時代までは住吉大社に関連する大阪のある神社に宝物として存在していたらしい、と論じている。

『住吉大社神代記』には、住吉大神の「子神《みこかみ》」を三十柱ほど列挙する箇所がある。子神は、現代風に言えば住吉大社の境外摂社のようなものと考えられるが、そのうちのひとつに、「草薙剣」とのゆかりを伝える興味深い神社がある。

それは、味早雄神《あじはやおのかみ》を祀る阿遅速雄《あじはやお》神社である。

阿遅速雄神社は大阪市鶴見区放出《はなてん》東三丁目に鎮座し、格式の高い式内社のひとつで、現在は阿遅《あじ》鉏高日子根神《すきたかひこねのかみ》を主神とし、草薙剣の分霊とされる八剣大神《やつるぎのおおかみ》を配祀する。

この場所は現在は完全な陸地だが、飛鳥時代頃は河内平野には海域が大きく食い込んで湾または潟が形成され、神社はほぼ海に接して鎮座していたはずである。

同社の社伝には、草薙剣とこの神社の因縁について、およそ次のように説明されている。

草薙剣を盗み出して新羅に向かった道行が、難波津で大嵐に遭って押し流されたとき、当社付近までくるとさらに嵐が激しくなった。道行は神罰だと恐れをなし、草薙剣を河中に放り出して逃げた（当地の「放出」という地名はこれに由来する）。剣は当地の里人に拾われ、当社に合祀された。草薙剣そのものは天武朝に飛鳥浄御原宮に奉遷され、さらにそこから熱田神宮に遷されたが、草薙剣の分霊は当社に留まり、奉斎されつづけた。（神社本庁編『全国神社祭祀祭礼総合調査』〔一九九五年〕より）

このゆかりにもとづいて、毎年十月に行われる例大祭には、熱田神宮から代表者が参拝するという。

社伝の成立年代は定かではないが、これにもとづけば、阿遅速雄神社には天智朝に草薙剣が祀られ、天武朝に草薙剣が奉還されてからも剣の「分霊」が祀られたというが、この「草薙剣の分霊」とは、朝廷から神剣の御代器として奉献され、『住吉大社神代記』に神宝として記された「神世草薙剣」をさしているのだろうか。

さらに田中氏は、地誌に興味深い記述を見つけている。

阿遅速雄神社の北には、かつて出田寺《ででん》という別当寺《べっとうじ》があった。別当寺とは、神仏習合時代に神社の境内またはその周辺に建てられた寺院で、神社の実質的な管理は、別当寺を司る「別当」と呼ばれる僧侶によって行われた。

大正十一年（一九二二）発行の『東成郡誌』の「阿遅速雄神社」の項によれば、出田寺の開基空山は本社の別当も兼ね、「模造草薙剣」他、神宝等一切を保管し、空山の没後は弟子たちが別当職を継いだ。ところが、空山から四代目の「某」僧が別当職にあった享保年間（一七一六〜三六年）の末年、某僧は宮座の人々とトラブルを起こし、裁判に敗れると、怒って出奔した。伝説によれば、このとき彼は神宝・古記録類も持ち去ってしまったという。

この記事が正確な史実を記したものであるかどうかは判断できないが、少なくとも、江戸時代半ばまで住吉大社の子神に属する阿遅速雄神社の別当寺に「模造草薙剣」が蔵されていた、という伝承は確認できるわけである。

そして、「模造草薙剣」といえば、『住吉大社神代記』に記された草薙剣の御代器と考えられる「神世草薙剣」の姿が浮かび上がって来る。

ちなみに、享保年間の時点では、『住吉大社神代記』の内容は、まだ世間には全く知られていなかった。

このようなことから、田中氏は「神世草薙剣」は、住吉大社の子神の別当寺にある時点までは確かに存在したはずだと結論づけている。

❾ 住吉大社の「草薙剣」は鉄製の直刀か

だが、住吉大社に神宝として納められていた「神世草薙剣」と、熱田神宮の草薙剣との間には、ひとつ気にかかる違いがある。それは形状である。

じつは、先に言及した『住吉大社神代記』の神宝項には、「神世草薙釼」のあとに文章が続き、全体としては、次のようになっている。

神世草薙釼一柄。在験《しるしあ》り。日月・五星、左に青龍、右に白虎、前に朱雀、後に玄武の形と俾文《ふみ》とを彫り着く　長さ三尺。金・銀・螺鈿《らでん》の上作なり。唐錦の袋に納む。（原文は漢文。訓み下し文は『古代氏文集』〔山川出版社〕による。小字部分は原注）

刀に画像や文字が彫られていたというのだが、そのうちの「日月・五星」は太陽・月と五惑星、「青龍」「白虎」「朱雀」「玄武」は天の四方を象徴する神獣、いわゆる四神のことで、道教思想を背景とした中国古代の宇宙観を言い表したものである。魔除け的な意味で刻されていたと考えられる。「金・銀・螺鈿」の装飾は、鞘に施されたものだろうか。

ところで、弥生時代〜奈良時代の刀剣としては、大きくは銅剣と鉄製の刀剣（直刀《ちょくとう》）に分類することができる（なお、一般に、「剣」は両刃、「刀（大刀《たち》、太刀）」は片刃とされるが、古代には剣・刀の区別は曖昧で、

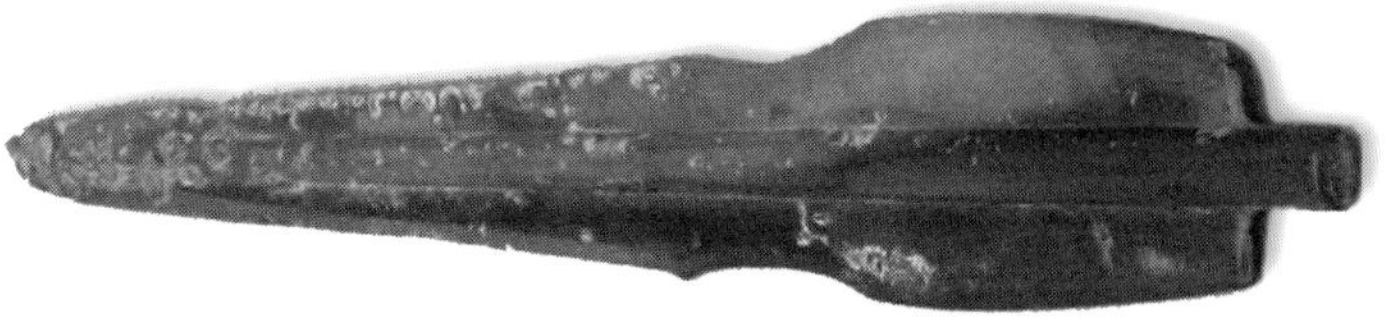

銅剣。大分市浜遺跡出土細形銅剣のレプリカ（写真=Wikiwikiyarou）。

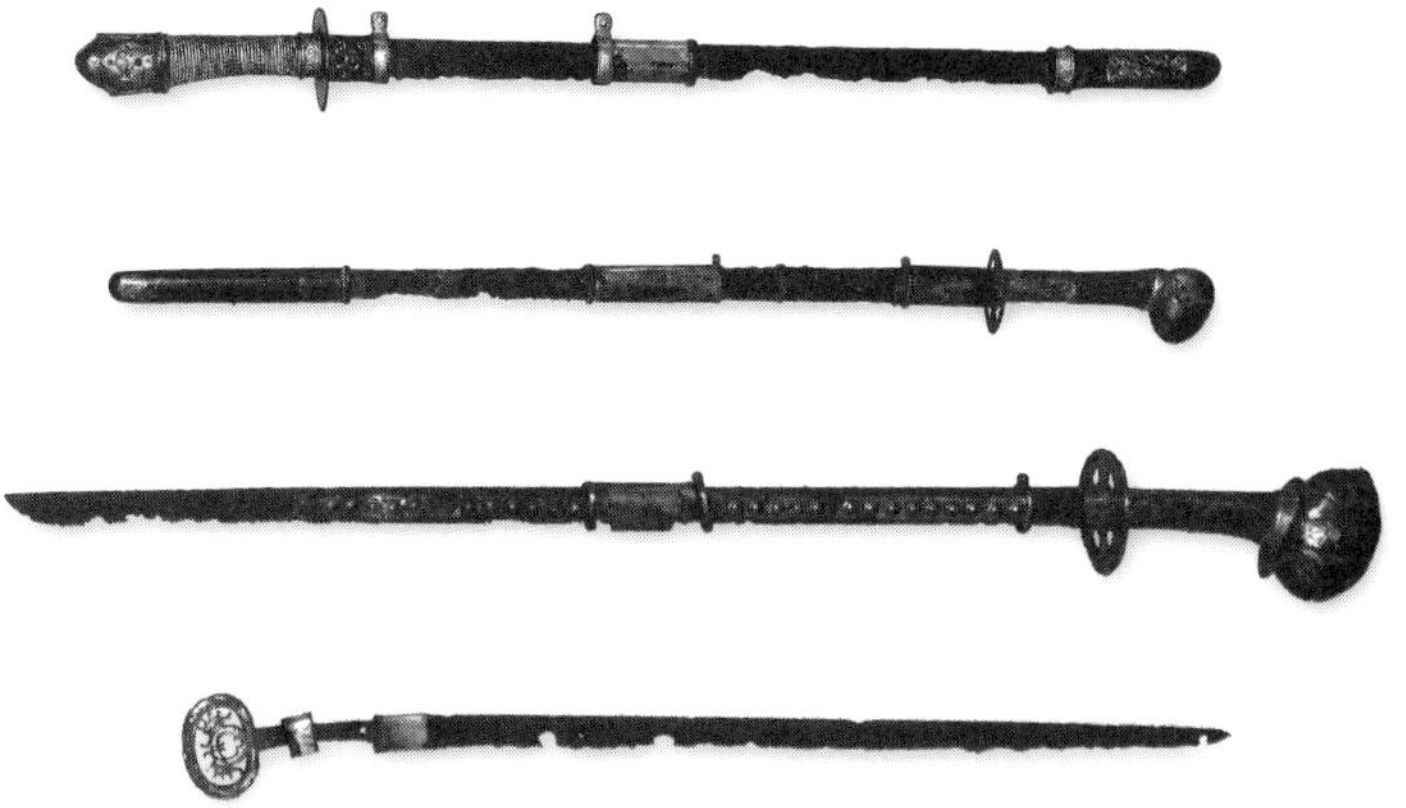

古墳時代の直刀。上から円頭大刀、頭椎大刀、頭椎《くぶつち》大刀、環頭大刀。メトロポリタン美術館蔵（写真=Uploadalt）。

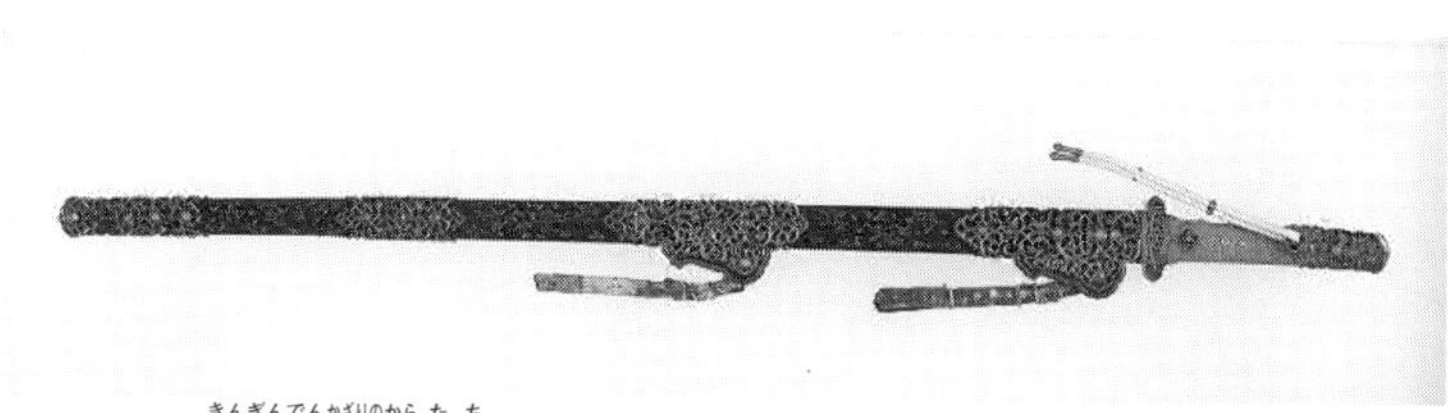

正倉院宝物の金銀鈿荘唐《きんぎんでんかざりのから》大刀《たち》。宮内庁ホームページ（http://shosoin.kunaicho.go.jp/ja-JP/Treasure?id=0000010088）より。

剣も大刀・太刀も、両刃・片刃の別なく長大な刀剣をさしている場合がある）。

銅剣は青銅製で、両刃で中央に鎬《しのぎ》があり、その両側に溝がある。日本には弥生時代前期頃から朝鮮半島から伝来し、弥生時代中期頃から国内でもつくられはじめた。古墳や祭祀遺跡から出土している。

鉄製の刀剣のうち、鉄刀は片刃で、かつ刀身がまっすぐで反りのない直刀である（刀身あるいは刀全体がわずかに反りをもつものもある）。古墳時代末期から奈良時代にかけてつくられた。熊本の江田船山《えたふなやま》古墳から出土した銀象嵌銘《ぎんぞうがんめい》大刀《たち》や、聖徳太子が用いたと伝わる、星宿が彫り込まれた大阪四天王寺の七星剣などがこれに属する。両刃をもつ鉄剣も直刀で、弥生時代から古墳時代にかけて出現したが、古墳時代後期には鉄刀に圧されて減少した。

さて、住吉大社の「神世草薙剣」に戻ると、この剣には道教思想を背景とした銘文があった。これまで日本で出土した銅剣に銘文がみつかったものはなく、また道教思想が日本に本格的に伝播したのは銅剣がつくられなくなった古墳時代以降と考えられるので、したがってこの神剣は鉄製の直刀である可能性が高い、ということになる。

また、銘文の内容や、貝を用いた螺鈿の装飾が中国の唐代で盛行し、「唐錦袋」に納められたものであることを考えれば、この剣が大陸から伝来したもの、もしくは伝来したものの模造である可能性も充分考えられるだろう。

熱田神宮の草薙剣は銅剣か

では、熱田神宮の草薙剣は、どのような形状をしているのだろうか。

この神剣は、古来、実見することがタブーとされてきたが、じつは江戸時代、熱田の神官がその禁を破り、ひそかにその姿をのぞきみたことを伝える史料が残されている。

それは、梅宮大社の神職玉木正英（一六七〇～一七三六）が記した『玉籤集《ぎょくせんしゅう》』（一七二五年頃成立）の裏書として記されたもので、『神器考証』（一八九八年）に栗田寛がそれを引用したことで、広く知られるようになった。

その裏書によると、（裏書が書かれている時点から）八十年ほど前、熱田神宮の大宮司をはじめとする神職たちが、土用殿に奉斎されている御神体の剣をみようと内陣に入った。しかし、雲のように霧がたちこめてよくみえないので、扇で雲霧を払い出し、隠し火をともしたところ、そこに長さ五尺の木箱があった。木箱を開けると、中に石の箱があり、箱と箱の間には赤土がつめられていた。石の箱の中には樟木の丸木をくりぬいた箱があり、その内側には黄金が敷き延べられ、その上に御神体が鎮座していた。石の箱と樟木の間にも赤土がつめられていた。

そしてその御神体、つまり草薙剣の形状について、裏書はこう記している。

御神体は長さ二尺七、八寸許《ばか》り、刃先は菖蒲の葉なりにして、中程はむくりと厚みあり、本《もと》の方六寸ばかりは、節立《ふしだ》ちて魚などの脊骨の如し。色は全体白しという。

驚くべきことに、裏書によれば、この実見後、大宮司は不運にあって流罪となり、他の神職も病にかかって亡くなってしまった。だが、幸いかろうじて一人が生き残ってこのことを相伝したので、それを筆者（玉木であるとは限らない）がこうして記したのだという。

この江戸時代の実見記は、薄明りの中でみたことを伝聞にもとづいて記録したものなので、全面的に信用がおけるものではないだろう。だが、「菖蒲の葉」「中程は厚みあり」「節立て魚等の脊骨の如」といった形容にはリアリティがあり、この表現からすれば、熱田神宮の御神体すなわち草薙剣は、銅剣状のものと推測できるだろう。実際、この見聞を主たる根拠に、草薙剣を銅剣と考えるのが通説になっている。

また、考古学者の森浩一は、御神体が「赤土」で包まれていたことに注目し、島根県の荒神谷《こうじんだに》遺跡で大量の銅剣が赤土に包まれた状態で出土したことから、草薙剣銅剣説を支持している（『日本神話の考古学』）。

住吉大社の神剣と宮中の宝剣は、本当に草薙剣のレプリカなのか

これまで、住吉大社の「神世草薙剣」は熱田神宮の草薙剣の「御代器」である、という前提で論を

進めてきた。

そもそも「御代器」とはなにか。——もちろん、神道の論理では、外形にかかわらず、本体の「霊」がこめられれば、それは「御代器」あるいは「分霊」「分身」となりうるはずだ。しかし端的には、「御代器」とは、本体を模造したものと考えるべきだろう。あるいは、新造されずに、朝廷が秘蔵していた草薙剣と似たタイプの由緒ある刀剣が「御代器」として提供された可能性も考えられるかもしれない。しかしいずれにしても、御代器（分身）と本体は、形状が近似していなければならないはずである。

ところが、諸文献から類推すれば、住吉大社の「神世草薙剣」は渡来物の様式をもった直刀、本体たる熱田神宮の草薙剣は銅剣ということになってしまい、形状は根本的に一致しない。

この不一致はいったい何を物語っているのだろうか。

ここでヒントになるのは、熱田神宮の〈草薙剣〉と、宮中で奉斎されてきた〈草薙剣の分身＝宝剣〉の関係である。

熱田神宮の草薙剣と宮中の宝剣の由来は、記紀や『古語拾遺』にもとづけば、次のようにまとめることができよう。

出雲に降臨したスサノオは斬り殺した八岐大蛇の尾から草薙剣（本来の名称は天叢雲剣）を得、それを天つ神に献上した。そして、天孫瓊瓊杵尊が地上世界に降臨するとき、アマテラスは瓊瓊杵尊に、皇位のシンボル「三種の神器」のひとつとして草薙剣を授与する。

その後、草薙剣は八咫鏡とともに天皇と殿を同じくして祀られていたが、第十代崇神天皇は、その神威を畏《かしこ》むあまり、八咫鏡と草薙剣を宮廷の外に遷して皇女に祀らせ、その代わりに鏡（神鏡）と剣（宝剣）を新造し、宮中にはこれを安置して八咫鏡・草薙剣の分身とし、それは皇位のシンボルとして歴代天皇に伝承されていった。

一方、草薙剣本体は、八咫鏡とともに第十一代垂仁天皇皇女倭姫命によって伊勢に奉遷され、さらに東国平定に向かう皇子ヤマトタケルに授与される。

東国平定後、草薙剣は尾張に留め置かれ、やがてこれを奉斎するために社が建てられ、これが熱田神宮の起源になった。

これは、草薙剣に対するごく一般的な理解でもあろう。

しかしこのような理解に反し、熱田神宮に祀られる草薙剣と、皇室に伝えられる宝剣は、じつは最初から別個のものだったのではないか、とする説が、とくに昭和戦後になってから、研究者のあいだで唱えられるようになった。

たとえば、歴史学者の津田左右吉《そうきち》は、記紀のヤマトタケル伝説では草薙剣が皇室の神宝であることは述べられておらず、比較的軽く取り扱われていることから、ヤマトタケルと草薙剣の物語は本来独立した説話であったが、なんらかの事情で、皇室の神宝物語の中に組み込まれたのではないかと推測している（『日本古典の研究・上』一九四八年）。

神話学者の松前健は、熱田神宮を建てた尾張氏の祖神天火明命《あめのほあかりのみこと》は一種の太陽神で、熱田神宮の本来の祭神はこの尾張氏の奉じた太陽神であり、光り輝く剣は太陽神の象徴であったと論じたうえで、熱田神宮に祀られた草薙剣と、スサノオが斬った大蛇の尾から出た天叢雲剣は、本来全くの別物であったとしつつ、こう述べている。

尾張氏の太陽神の御正体《みしょうたい》としての剣が、宮廷の神話のなかで、出雲の神話的な剣と、同一視され、さらにこの剣が、宮中にある三種の神器のひとつ、王者のレガリアと同一視されたのであろう。ヤマトタケルが、この霊剣を、ヤマトヒメからもらって熱田に運んだというのは、それらのまったく異なる剣を同一視したことによって生じた伝説にすぎない。（『日本神話の謎』一九八五年）

要するに、草薙剣をめぐる記紀にみられる物語は、各地各氏族で伝承されていた神剣伝説を組み合わせたものであり、その結果、熱田神宮の神剣と、古くから宮中に皇位のレガリア（王権の標章、シンボル）として秘蔵されていた宝剣が同一視されたため、『古語拾遺』では、宮中の宝剣は熱田の神剣の模造ということになってしまったのだろう――という見方である。

「草薙剣」とかぶる伊勢の神剣伝説

ここで「各地各氏族で伝承されていた神剣伝説」の具体例として、伊勢地方のものを挙げてみよう。

ひとつは『伊勢国風土記』逸文で、これによると、伊勢国を平定したのは天御中主尊《あめのみなかぬしのみこと》の十二世孫の天日別命《あめのひわけのみこと》だが、彼は神武天皇に平定を命じられたとき、天皇から「標剣《しるしのつるぎ》」を授かったという。天日別命は伊勢神宮外宮《げくう》の神官度会《わたらい》氏の祖神でもある。

もうひとつは、伊勢神宮外宮の境外摂社草奈伎《くさなぎ》神社に関するものである。草奈伎神社（草名伎神社）は「御剣仗神《みしるしのつるぎのかみ》」を祀るが、十四世紀頃の成立とみられる『豊受太神宮禰宜補任次第《とようけだいじんぐうねぎぶにんしだい》』によれば、この剣神は、度会氏の遠祖大若子命《おおわかこのみこと》が垂仁天皇に越国《こしのくに》（北陸地方）の平定を命じられたとき、天皇から授けられた標剣の神霊だという。

ここにはヤマトタケルも倭姫命も出てこないが、このような「標剣」をめぐる伝承が下敷きになって、おそらく伊勢神宮関係者の手により「東征に向かうヤマトタケルは伊勢神宮で倭姫命から霊剣を授けられた」というストーリーが生まれ、さらにそれがスサノオの天叢雲剣や熱田の草薙剣と結びつけられて記紀の神剣伝説が成立した、と推測することもできよう。

あるいは、草奈伎神社の標剣は、じつは社名が示唆するように「クサナギノツルギ」とも呼ばれていたがために、熱田の草薙剣と結びつけられて説話が生じたのかもしれない（この場合は、「クサナギ」を、「臭し蛇＝霊剣」を意味する普通名詞ととることになる)。

熱田神宮の八剣宮は尾張本来の剣神か

「三種の神器」の剣の本体とされる、熱田神宮の草薙剣そのものについても、伝承の重層性を認めることができる。

熱田神宮の境内に、八剣宮(「八剣」はハッケンともヤツルギとも呼ばれる)という別宮が鎮座している。現在は祭神を本宮と同じく熱田大神すなわち草薙剣としているが、社伝によれば、元明《げんめい》天皇が和銅元年(七〇八)に勅使を遣わし、草薙剣にちなんだ新造の宝剣を八剣神として祀らせたのが創祀だという。

しかし、天武朝以来、熱田の本宮には草薙剣が祀られているはずなのだから、それに加えてその模造をなおも祀るのは、どう考えても不自然であろう。

このようなことから、この社伝を史実ではなく後世の造作と考え、八剣宮とは本来は尾張の地方神としての剣神を祀ったものではないか、という興味深い指摘がなされている(吉田研司「熱田社成立の基礎的考察」、竹田理三編『古代天皇制と社会構造』所収)。そして、その剣神を祀っていた尾張氏がこれを皇室のシンボルたる「三種の神器」の草薙剣と結びつけ、草薙剣は熱田(熱田社の前身としての元八剣宮)に祀られていると主張したため、地方神の剣神は別宮(現在の八剣宮)として処遇されたのではないか、というのである。

先に、「熱田社に祀られた神剣は尾張氏が奉じていた太陽神のシンボルだった」という松前説を紹介したが、八剣宮に祀られた剣神は、尾張氏が本来奉じていた太陽神のシンボルとしての神剣にあたるともいえるだろう。

また、現在、愛知県・岐阜県・三重県には八剣神社(八剣社)という名称の神社が百社以上鎮座している。主祭神をヤマトタケルとするところがほとんどだが、八剣大明神(岐阜市の八剣神社)、八剣彦命(愛知県新城市愛郷の八剣神社)とするところもある。おそらく、八剣大明神や八剣彦命は尾張の地方神としての剣神の面影を伝えるもので、今はヤマトタケルを祀る八剣神社も本来は尾張の剣神を主神としていたのではないだろうか。いずれにしても、愛知を中心とする八剣神社の分布は、この地に剣神信仰がもともと基盤として存在していたことの証しだろう。

尾張氏と皇室の深い関係

では、なぜ尾張氏は、自分たちが奉じる剣神を、皇室のレガリアとしての草薙剣に結びつけることができたのだろうか。自分たちが奉じる神を皇室と結びつけようとした氏族は、尾張氏以外にもあったとしてもおかしくはないはずだが、なぜ尾張氏がこれに成功したのだろうか。

尾張氏の歴史をみてみると、『日本書紀』によれば、尾張氏出身の目子媛《めのこひめ》は継体《けいたい》天皇(五～六世紀頃)

の妃となり、安閑《あんかん》・宣化《せんか》天皇を生んでいる。つまり、この時期、尾張氏は天皇家の有力な外戚となり、内廷に深く関わるようになったとみられるのだ。

そして、古代日本最大の内乱である壬申《じんしん》の乱（六七二年）では、尾張宿禰大隅《すくねおおすみ》が大海人皇子《おおあまのみこ》（後の天武天皇）に挙兵のための資材を提供したため、功臣と称えられて地位を上げている（『続日本紀《しょくにほんぎ》』天平宝字《てんぴょうほうじ》元年十二月条）。

これらを要因として、尾張氏の地位が全般的に引き上げられ、尾張氏の奉じる剣神と皇位のシンボルの剣を結びつける主張を可能にした、というのが通説である。

草薙剣と宮中の宝剣はいつ結びついたのか

さて、このように、熱田神宮に伝わる草薙剣と、宮中に伝わる宝剣が、本来は全く別個のもので、諸説話が統合されたことによって後世に同一視されることになったと仮定すると、住吉大社の「神世草薙剣」と熱田神宮の草薙剣の形状が一致していないと思われることを、次のように、うまく説明することができる。

以下は、あくまで仮説である。

天皇家では、いつの頃からか、由緒ある宝剣が皇位のシンボルとして継承されていた。その宝剣は皇位のシンボルにふさわしい華麗な装飾を施された鉄製の直刀であった。古来、天皇家には、中国・朝鮮や地方豪族から刀剣が献上されていたので、そのなかでとびきりの優品を皇位のシンボルに選定したのかもしれない。

一方、熱田神宮には古くから銅剣が霊剣(八剣)として祀られていて、それは後に皇室の神宝伝説と結びついて、「草薙剣」と呼ばれるようになった。

天智朝の六六八年、熱田神宮から新羅僧道行によって草薙剣が盗み出された。道行は難波津から出航して新羅に向かおうとしたが、風雨に遭って難波津に漂着し、逃亡をあきらめて自首した。そして、草薙剣は、難波津の守護神である住吉大社に留め置かれた。

ところが、天武朝の六八六年に天皇が病気になると、「草薙剣の祟り」と占われたため、急遽、住吉大社に奉斎されていた草薙剣が熱田神宮に奉還されることになった。

その後、朝廷は返礼として住吉大社に草薙剣の御代器を奉納することとし、御代器の制作に取り掛かった。

しかし、熱田神宮に返された草薙剣は実見することが叶わなかったため、当時草薙剣の分身と伝えられていた宮中の宝剣をモデルとして、御代器がつくられることになった。

そして、宮中の宝剣は直刀だったので、住吉大社に献納される「神世草薙剣」も直刀としてつくられ、それが住吉大社の神宝となった――。

このように考えてゆけば、「草薙剣」をめぐる数々の謎も解かれてゆく。

また、住吉大社の「神世草薙剣」が唐様式の刀と推測できることを鑑みれば、そのモデルとなった宮中の宝剣も唐様式のものと考えられ、その起源は唐が起こった六一八年を遡りえないことになる。もしそうなると、宮中に皇室のレガリアとして宝剣が正式に置かれ、それを熱田神宮の草薙剣と同一視するようになったのは、そんなに古い時代のことではなく、案外に新しい時代(七世紀なかば)のことだった、ということにもなろう。

『古事記』『日本書紀』の編纂は天武天皇(在位六七二~八六年)の時代にはじまっているので、宮中の剣と熱田の剣の同一視は、ひょっとすると、両書の編纂の際に生じたのかもしれない。

昭和終戦直後に強行された神剣の動座

草薙剣は天武朝に熱田神宮に戻ってからは厳重に管理され、いつの時代からか、土用殿に奉斎されるようになった。鎌倉時代初期、熱田神宮が火事に遭ったために一時的に八剣宮に納められたことはあったが、境外に持ち出されることはなく、箱の中でまずは平穏な歳月を過ごしていった。時代は一気に飛んで昭和二十年(一九四五)夏。

太平洋戦争末期、戦局の悪化が進み、本土への空襲が激化して、本土決戦かそれとも講和工作かという論議が政府首脳たちのあいだで切迫するなか、昭和天皇はひとり「三種の神器」の行く末に気を揉んでいたという。戦後のことになるが(昭和二十一年頃)、昭和天皇は当時の心境をこう述懐している。

終戦直後、草薙剣が「疎開」していた飛騨一宮水無神社。

敵が伊勢湾附近に上陸すれば、伊勢熱田両神宮は直ちに敵の制圧下に入り、神器の移動の余裕はなく、その確保の見込が立たない、これでは国体護持は難しい、故にこの際、私の一身は犠牲にしても講和せねばならぬと思つた。（『昭和天皇独白録』）

三月・五月には名古屋空襲によって、すでに熱田神宮は被害を受けていた。

そして『昭和天皇実録』によれば、七月三十一日、昭和天皇は内大臣木戸幸一を呼び、伊勢神宮と熱田神宮の神器を守護すべく、しかるべき時期にしかるべき場所へ神器を奉遷することを政府と協議して決定するよう命じたという。

八月二日には、熱田神宮の神剣奉遷用の外箱を新調することを聴許。また奉遷場所としては岐阜県大野郡宮村の飛騨《ひだ》一宮《いちのみや》水無《みなし》神社が候補地となり、五日には軍部により、六日には熱田神宮少宮司らにより、現地視察が行われている。

飛騨一宮水無神社が候補地に選ばれたのは、そこが熱田神宮からさほど遠くはなく、かつ山あいにあって仮にアメリカ軍が上陸したとしても容易には攻め込めまい、と考えられたからだろうか。だがその後、原爆投下やソ連参戦など、戦局は急激に悪化し、ついに八月十五日には、玉音放送、敗戦となった。

しかし、それでも昭和天皇は神器がアメリカ軍にどう扱われるか、心配だったらしい。八月二十二日には、新調した外箱とともに侍従小出英経が熱田神宮に派遣され、「神器の疎開」が実行された。『昭和天皇実録』昭和二十年八月二十二日条の該当部分を引用しよう。

> 小出は同神宮本殿内に参入し、従来の外箱の勅封 明治十四年五月二十五日宮内少輔山岡鉄太郎を差し遣わされ、施せしめたもの を解き、新調の外箱に神剣を奉納し、御名御親筆の勅封紙と麻にて厳封の上、さらに勅使たる侍従の封を施した後、従来御奉納の外箱中に奉安し、施錠する。なお、予てよりその疎開を計画中の熱田神宮の神剣は、東海軍管区司令部の協力のもと、翌月十九日まで国幣小社水無神社 岐阜県大野郡宮村 に奉遷される。

かくして、神剣草薙剣はおよそ千三百年ぶりに熱田神宮外に座を遷し、およそ一カ月にわたり飛騨の水無神社に奉安された。

＊

移動の際、はたして草薙剣が実見されることはあったのだろうか。

熱田神宮の編纂による『熱田神宮昭和造営誌』（一九六六年）は、この神器動座をめぐってはあまり饒舌ではなく、思わせぶりな記述で話を切り上げている。

「この事に関しては、これ以上記述を避けたいと思う。宮司権宮司を始め神宮職員、関係者一同の当時の痛恨、恐懼の情は、到底筆の及ぶところではないと考えるからである」

第二章

石上神宮と
神剣フツノミタマ

9 宗教都市に鎮座する石上神宮

奈良の天理市は、その市名の由来である天理教の本部が所在する、近代の宗教都市として知られる。市の中心部を流れる布留《ふる》川の北岸には天理教の巨大な神殿が蟠踞し、その周囲をさまざまな教団施設が取り囲んでいる。

だが、神殿の前を通ってさらに参道を進み、市街地を抜けると、川の南岸に緑のしたたる小山がみえはじめる。これが、神社としては大神《おおみわ》神社と並んで古い歴史を誇る、石上神宮《いそのかみ》（奈良県天理市布留町）である。

もちろん、古代以来、幕末に起こった天理教が明治に入って教団として確立をはたすまでは、石上神宮こそがこの一帯の信仰の中心であった。周辺には古墳が密集して、この神宮の聖性を高めている。

ただし、より正確にいえば、中世から明治維新まで、この地の宗教的覇権を握ったのは、石上神宮の宮寺として栄えた内山永久寺《うちやまえいきゅうじ》であった。内山永久寺は、鳥羽天皇の勅願によって永久年間（一一一三〜一八年）に創建された真言宗の寺院で、現在の石上神宮の南側、山辺《やまのべ》の道沿いを境内とし、盛時には五十余の寺坊を擁するほどの巨刹であったが、明治の廃仏毀釈によってすべて破壊された。現在、往時をしのぶよすがとなりうるのは、跡地に残る本堂池と、石上神宮本社楼門の南側に移建された、鎮守社（現・出雲建雄《たけお》神社拝殿）くらいであろう。

石上神宮の参道。

天理教は、あたかも内山永久寺にみなぎっていた宗教的エネルギーを吸い取るようにして発展した、ともいえるのかもしれない。そして、その永久寺のエネルギーの源をさかのぼれば、もちろん石上神宮に行き着くわけである。

祭神は神剣と神宝の神霊

石上神宮は、『先代旧事本紀《せんだいくじほんぎ》』によれば崇神朝にはじまるといわれ、古代の有力豪族・物部氏《もののべ》が祭祀を司ったことでも知られる。『先代旧事本紀』は神代から推古天皇の代までの歴史を記したもので、序文には聖徳太子と蘇我馬子が勅を奉じて編纂したと書かれているが、これは偽文で、実際には平安時代初期に物部氏系の人物によって編まれたものと考えられていて、その成立年代は九世紀後半が有力視されている。記紀や『古語拾遺』と並んで尊重される、貴重な史書である。

社名「石上神宮」はすでに記紀にみえるが、『古事記』で「神宮」を称するのは、伊勢神宮と石上神宮だけであり、『日本書紀』でも、例外的に神宮号が付される大神神社（一例）と出雲大社（二例）を除けば、やはり伊勢と石上だけである。このことは、石上神宮が朝廷にとっていかに重要な神社であったかをよく物語る。

主祭神は現在、布都御魂《ふつのみたま》神、布留御魂《ふるのみたま》神、布都斯御魂《ふつしみたま》神となっている。布都御魂神は、神武東征に用いられた神剣「韴霊《ふつのみたま》」の神霊、布留御魂神は天皇の鎮魂の秘儀に用いられたという「十種《とくさ》の神《かん》宝《だから》」（天璽十種瑞宝《あまつしるしとくさのみずのたから》）の神霊、布都斯御魂神はスサノオが出雲国で八岐大蛇《やまたのおろち》退治に用いた十《と》握剣《つかのつるぎ》の神霊――と、現在の神宮側の説明ではなっている。

しかし、史料をみると、歴史的には祭神に異説もみられる。

たとえば、平安時代中期に成立した法典『延喜式』に納められている「神名《じんみょう》」巻（通称『延喜式神名帳』）には、大和国山辺《やまのべ》郡の名神《みょうじん》大社として、「石上坐《いそのかみにます》布都御魂《ふつのみたま》神社」とあり、これは石上神宮をさしている。一般に石上は地名とされているので、だとすれば、この社名は「石上の地に鎮座する布都御魂神の社」ということになる。

『延喜式神名帳』は、祭神が複数ある場合は「〜座」と付記するのが通例なので、石上神宮にその付記がないことからすれば、本来の祭神は一座であり、そしてそれは当然、『延喜式神名帳』に記された社名が示すように、布都御魂神であっただろう。つまり、石上という地にフツノミタマという霊剣を祀ったのが、石上神宮の起こりということである。

フルという別称

ところで、歴史を顧みると、石上神宮には、もうひとつニックネームのようなものがあった。それはなにかというと、「フル」である。

たとえば、『日本書紀』履中《りちゅう》天皇即位前紀にみえる「石上振《ふる》神宮」は石上神宮のことをさしているとみられる。なぜなら、石上神宮の鎮座地一帯はもともとフル（布留、振）とも呼ばれていたと考えられているからで、現在でも布留町、布留川などとしてこの地名は、残っている。

また、『延喜式神名帳』の写本の一部（吉田家本）には、「石上坐布都御魂神社」ではなく「石上坐布留御魂神社」と記すものが存在することも、興味深い。

一般に、フルは神名ではなく地名と考えられているが、「振」の字をあてる場合もあることから、フルと、古来この神宮が、物部氏が伝承した、ミタマフリとも呼ばれる、「振り動かす」所作をともなう行法「鎮魂法」の聖域であったこととの、相関性を指摘する声がある。フルという地名をいわれとして鎮魂呪術ミタマフリが生じたのではないか、もしくは逆に、ミタマフリにちなんで地名フルが生じたのではないか、ということである。

いずれにしても、フルという語はこの神社のキーワードで、近世の史料をみると、布留社、布留明神など、何らかの形でフルを入れて呼ばれるのがほとんどで、フルを含んだ呼称がこの時代の石上神宮の通称となっている。

ついでながら、「石上神宮」という現在の正式名称は、明治十六年（一八八三）に、古代の名称を復活させたものとして、定められたものである。

このように社名の異同については謎が残るが、現在の三柱の祭神の性格から察せられるように、この神宮は種々の神宝と歴史的に深い関わりがある。事実古代には、ここは諸豪族から献上された武器・神宝類を納める王家の「神庫《ほくら》」としての役割を果たし、石上神宮と神宝をめぐっては、じつにネタに事を欠かないのだが、布留御魂神＝「十種の神宝」については章を改めて触れることとし、ここではまず、主祭神の布都御魂神すなわち霊剣フツノミタマをめぐる謎に焦点をあて、その上で、現在では注目を浴びることの少ないもうひとつの霊剣、布都斯御魂神＝「スサノオの十握剣」の伝承をたどってみることにしたい。

謎の禁足地

石上神宮の鳥居をくぐって参道を進んでゆくと、左手の石段の上に楼門があり、楼門の奥に、拝殿が南面して建っている。現在の拝殿は、現存する神社建築としては非常に貴重な鎌倉時代の建物で、国宝である。

その拝殿の向こうに本殿があるのだが、拝殿と本殿のあいだにはやや空間があり、その中央には白い砂利が敷き詰められている。じつはこの「空き地」こそがこの神社の中心で、ここは古来、「禁足地」とされてみだりに足を踏み入れることが禁じられ、大正二年（一九一三）までは本殿の建物もなく、参拝者は拝殿を通して「空き地」を拝するかたちをとっていた。

なぜこの空き地は神聖視されていたか？　それは、その土の下に、御神体であり、かつ祭神そのものでもある、霊剣フツノミタマが埋まっている、という伝承があったからである。

その伝承がいつからあったのかは定かではないが、元禄十二年（一六九九）の奥書をもつ『石上大明神縁起』にはすでにその説がみえ（「本社ノ後ニ禁足卜名付ル處アリ、廻ラスニ石籬ヲ以テス、社氏ノ説ニ神剣韴霊《ふつのみたま》祟《たたり》アルニヨツテ石櫃ニ安置シ此處ニ斎埋ス」）、江戸末期の境内古絵図をみると、本殿は描かれず、ただ「石上御本地」と記されている。

現在、禁足地は本殿や神庫とともに石製の瑞垣《みずがき》で取り囲まれていて（東西四十四・五メートル、南北二十九・五メートル）、さらに一般の参詣者は拝殿の手前で拝礼する格好となるので、遠目でも禁足地を目にすることは難しく、知識がなければ、その存在にすら気づかないだろう。

また現在、禁足地の西南（拝殿のやや後方西）に、古代以来の神宝類を納めた校倉《あぜくら》造りの神庫が建っているが、石上神宮においては、ここも禁足地とならんで非常に重要な意義をもっている。先述したように、ヤマト王権の神宝あるいは兵器を納める神庫というのが、石上神宮の歴史的役割だったからである。ただし現在の建物は嘉永四年（一八五一）の再建によるもので、かつては拝殿の西側にあったが、本殿建立工事に伴い、明治四十五年（一九一二）にそこから移されたものである。また、これとは別に、瑞垣の外に、昭和五十五年（一九八〇）完成の宝物収蔵庫があり、神庫の伝世品は現在はここに納められているという。

明治に行われた禁足地の発掘調査

だが、絶対的に神聖な霊域とされたこの禁足地が、明治に入ってから、一度ならず鍬を入れられ、深く掘り起こされたことがあった。

明治維新の際、新政府は、神職の世襲を原則として禁止した。神仏分離をへて、神道国教化の旗印のもと、タテマエとしては神社は国家が管理することになったからで、神社の宮司も、伝統的な社家《しゃけ》が独占するものではなく、政府が任命した人物が就くというかたちをとることになった。実際に任命されたのは、幕末期の尊皇志士や国学者が多かった。

維新後、石上神宮（当時は石上神社）の大宮司に任じられたのは、水戸出身の菅政友《すがまさとも》（一八二四〜九七）である。徳川光圀が創設した修史局の彰考館の主事を務め、『大日本史』の編修にも従事し、古典に通じた、謹厳な国学者である。

政友は、着任の翌年つまり明治七年（一八七四）の八月、三日間にわたって禁足地の発掘調査を実施した。しかもそれは、宗教的タブーを前近代的なものと軽視するような姿勢で独断専行のもとに

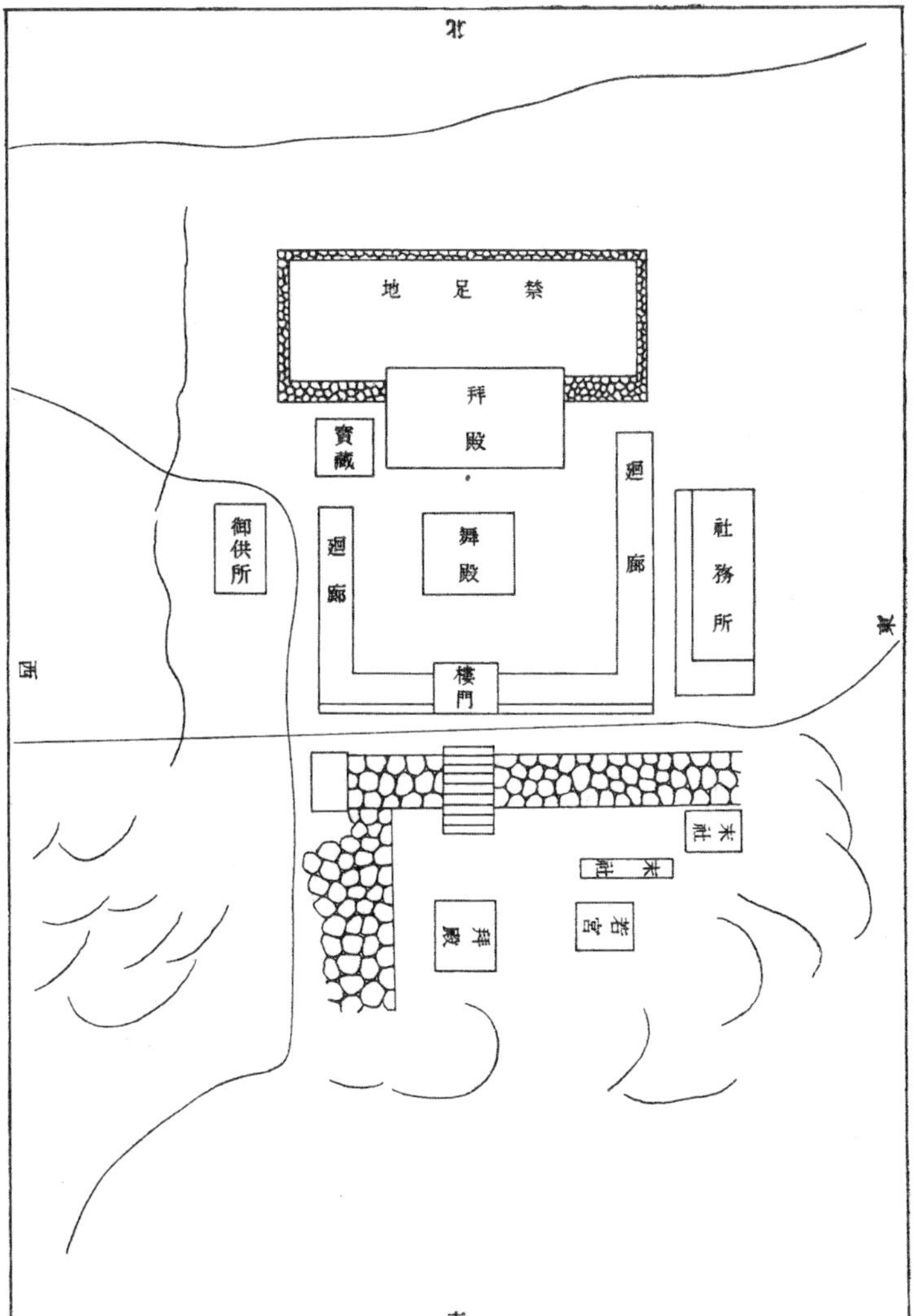

明治7年（1874）の発掘調査時の境内図。『石上神宮宝物誌』より。

行われたものでは決してなく、半年前に当時の神社の監督官庁であった教部省に調査許可の申請を行い、その承諾を得たうえでの、明治政府公認の、満を持しての本格的な発掘調査だった。

現代においても、神聖視されている神社の境内地で考古学的な発掘調査を行うことには、さまざまな困難が伴う。まして、由緒ある古社であればなおさらである。そこを押して禁足地の発掘に踏み切ったのは、水戸の彰考館の実証的な研究態度を受け継いだ政友に、神宮の歴史を明らかにしたい、という強い思いがあったからだった。とりわけ敬神家の彼には、「地中に神剣が埋まっている」という社伝を確かめ、フツノミタマをみつけ出して正しく祭祀したいという思いがあったという。また、じつは禁足地は発掘直前に盗掘にあっており、そのため政友は、再び盗掘者が現れて神剣が冒瀆されることを案じていたともいう。

さらに、政友の書簡や教部省宛ての願書などによれば、石上神宮の衰微を嘆いた政友は、禁足地発掘調査を願い出た時点で、新たに本殿を造営して、禁足地に埋まっていると伝えられる神剣フツノミタマをそこに奉安することもすでに計画していたらしい（藤井稔『石上神宮の七支刀と菅政友』）。

禁足地から出土した神剣

当時、禁足地は中央にかけてやや土が盛り上がり（高さは二尺八寸＝約八十五センチあったという）、土饅頭のようになっていて、真ん中に「カナメの木」（カナメモチ）が一株植わっていたが、政友は神剣はその下に埋まっている、とにらんでいた。

政友が残した記録（上申書や日記）にもとづく石上神宮編『石上神宮宝物誌』（一九三〇年）によると、八月二十日午前、祭典を厳粛に執り行ったのち、地方官の立ち合いのもと、禁足地に幕が張られ、今回のためにわざわざ新調された鍬が、いよいよ土饅頭に入れられた。

地表下約三十センチ（一尺）まで掘ると、一面に古瓦が敷き詰められてあった。その広さは二・七メートル四方で、これを取り除いて下を掘ると、三十センチ程度の石を積み重ねた石囲いが現れた。地表下九十センチばかりところに至ると、土石にまじって、緑色の勾玉《まがたま》、管玉《くだたま》などが数多出土しはじめ、さらに四つに折れた鉾と、ほぼ完全な形を残した剣一振りが出土した。

翌二十一日にも引き続き発掘調査が行われ、勾玉一個、管玉四個が出土し、二十二日には管玉が出土したが、発見品が少量であったので、これをもって発掘は終了した。

この明治七年の発掘による出土品をまとめると、次のようになる（『石上神宮宝物誌』）。

神剣　一振
鉾残片
勾玉　十一個
管玉　二百九十一個
角管玉　一個

弦月形玉　一個
丸玉　九個
緑石　一個
鈴　一個
鈴破片　九個
籠手残片　一個
古瓦片　多数

その後、明治十一年（一八七八）と大正二年（一九一三）にも禁足地の発掘が行われている。『石上神宮宝物誌』によると、明治十一年の発掘は仮本殿造営に際して偶然行われたもので、そのため組織的調査は行われず、正確な記録も残されなかったが、銅鏡四面・金環・銀環・銅環・鉄環・環頭式柄頭などが出土したと推定されるという。

大正二年の発掘は本殿造営に際して行われたもので、これも組織的調査ではなく、記録も曖昧だが、金環・管玉など若干の遺物が出土したという。

ここで注記しておくと、じつは明治十一年の発掘では、『石上神宮宝物誌』には記載はないものの、きわめて重要な遺物が出土しているのだが、この問題についてはあとで詳述することとして、とりあえずは『石上神宮宝物誌』の記録に拠りながら論を進めて行きたい。

さて、これらの出土品のなかで最も注目されるのは、もちろん、破損したところもなくほぼ完全な形を残して埋まっていたという、明治七年に禁足地から発掘された、神剣一振りであろう。政友は「これが伝説の韴霊《ふつのみたま》であることは疑いない」と興奮気味に上申書に記し、ただちに神庫に奉安している。

そして大正二年に禁足地の後方に本殿がつくられると、その内陣に御神体として安置された。そのため現在は、何人であれ、実物を目にすることはかなわない。

しかし、政友が教部省に提出した上申書（「石上神剣発掘ノ件」、『神道大系神社編十二　大神・石上』所収）には、神剣と鉾の写生図が付されている。

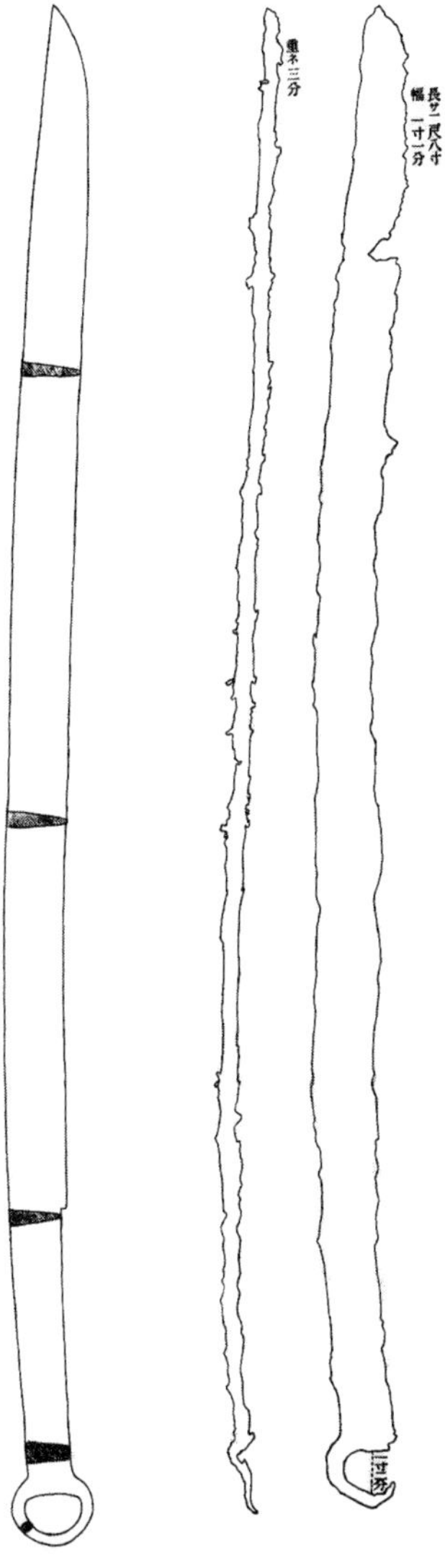

右が明治7年の発掘調査で出土した神剣の模写図。左図はその鞘付きの想像復元図か。『石上神宮宝物誌』より。

これをみると、神剣は全長二尺八寸（約八十五センチ）、幅一寸一分（約三・三センチ）、厚さ二分（約一センチ）であり、刀身と共づくりになっている柄《え》の形状から、素環頭大刀《そかんとうたち》と呼ばれる様式の鉄刀であるとわかる。素環頭大刀とは柄の頭に装飾のない輪がついたもので、前漢で普及した鉄刀の様式であり、日本では弥生時代後期以降の遺跡から出土し、古墳の副葬品に多くみられる。中国では武器として使用されたが、日本では支配者の権威の象徴として使用されたと考えられる。

とくにこのように長大なものは古墳時代前期（三〜四世紀頃）に盛行し、六世紀になるとほぼ姿を消したとされる（置田雅昭「禁足地の成立」、和田萃編『大神と石上』所収）。ふつう刀身は真っ直ぐにのびているものだが、石上神宮の禁足地から発見されたものは、刀身が刃の方向に反った、つまりやや内側に反った、「内反り」とよばれる形をしているのが特色である。

考古学者で、『石上神宮宝物誌』の実質的な著者でもある大場磐雄によると、内反りの鉄刀は日本では四世紀〜五世紀なかば頃の墳墓の副葬品にみられるといい、さらに大場は、石上神宮の禁足地から出土した内反り鉄刀を大陸からの舶載品で四世紀後半頃のものと推定する説を提示している（『神道考古学講座』第五巻）。

ごく単純に考えれば出土した神剣は四世紀頃につくられた――しかも大陸製の可能性がある――ものということになろうが、ところが、政友はこれを神話時代に由来するフツノミタマと断定した。

はたしてそう断言できるのだろうか。

この謎を探る前に、霊剣フツノミタマの由来・伝承を神話からたどってみよう。

記紀神話にみえるフツノミタマ伝承

フツノミタマは、記紀神話では、二度、大きく活躍している。

一度目は、大国主神《おおくにぬしのかみ》の国譲りの場面である。出雲の大国主神に国譲りを迫るべく、高天原《たかまのはら》から、『日本書紀』ではタケミカヅチ（武甕槌神）とフツヌシ（経津主神）が、『古事記』ではタケミカヅチ（建御雷神）と天鳥船神《あめのとりふねのかみ》が出雲に遣わされるが、このときタケミカヅチが佩《は》いていたのが十握剣《とつかのつるぎ》である。後述するが、タケミカヅチの十握剣の異称、あるいはその神霊の名がフツノミタマである。

そしてタケミカヅチは、この霊剣を浜辺に突き立てて大国主神とその御子神たちに服従を迫り、国譲りを成功させて葦原中国《あしはらのなかつくに》（人間世界のこと）を平定する。

なお、記紀神話には「十握剣」が幾度も登場するが、字義としては「一握（小指から人差し指までの幅）×十の長さをもつ剣」、つまり「非常に長い剣」という意味なので、「十握剣」という語自体は、固有名詞ではなく普通名詞と考えるべきであり、基本的には神話に登場する十握剣は、それぞれ別個の剣と考えるべきだろう。

二度目は、神武東征の折である。いささか長くなるが、その梗概を『古事記』をベースにして記してみよう。

九州から東征してきた神武一行は、熊野に上陸すると、土地神の毒気を当てられて正気を失ってしまう。だが、その土地に住む高倉下《たかくらじ》という男が一振りの横刀《たち》を献上すると、その霊威によって神武とその軍勢たちは蘇る。

神武が高倉下にその横刀をどうやって手に入れたのかと尋ねると、高倉下はこんなふうに答えた。

「夢の中に、天照大御神《あまてらすおおみかみ》と高木神《たかぎのかみ》（タカミムスヒの別名）が現れ、建御雷神を呼んで、こう命じられました。

『葦原中国が騒がしく、私の御子たちが病んでいるようだ。葦原中国はおまえが平定したところなのだから、おまえが行ってきなさい』

ところが、建御雷神は『私ではなく、平定に用いた横刀を降ろしましょう。この刀は高倉下の倉の天井に開けた穴から落とし入れましょう』とお答えになり、さらに私に向かって『これを持参して天つ神の御子に献上しなさい』と仰いました。

そこで翌朝、夢の教えのとおりに、起きて倉を見ますと、まさにその横刀があったので、それをもって献上したのです」

高倉下の霊夢が告げた横刀とは、タケミカヅチが大国主神の国譲りの際に用いた、あの十握剣であった。そして高倉下からこの霊剣を得た神武は、熊野を制圧し、さらには吉野・大和をも平定して、初代天皇として即位した。

ここで留意しておきたいのは、高倉下の霊夢の場面で、タケミカヅチが「横刀を降ろしましょう」と述べる箇所で、『古事記』原文（訓み下し）が次のように注記していることだ。

この刀の名は、佐士布都神《さじふつのかみ》といひ、亦の名は甕布都神《みかふつのかみ》といひ、亦の名は布都御魂《ふつのみたま》。この刀は石上神宮に坐《いま》すぞ。

『日本書紀』神武紀では、タケミカヅチ自身が高倉下に「予《やつこ》が剣、号《な》を韴霊と曰《い》ふ」と語っている。

つまりここに至って、国土平定に用いられてきた十握剣とその神霊フツノミタマ、そしてそれを祀る石上神宮がリンクする。すなわち、石上神宮が祀るフツノミタマとは、武神タケミカヅチが携えていた、国土平定の霊力を象徴する霊剣なのである。

ちなみに、記紀神話によれば、タケミカヅチとは、イザナミが火の神カグツチを生んで亡くなり、そのカグツチの首をイザナミの夫イザナキが剣（これも十握剣と呼ばれている）で斬ったときに鐔《つば》から滴り落ちた、血から化生した神である。いわば、刀剣の霊の化身である。

『先代旧事本紀』における石上神宮創祀伝承

記紀には、神武が手にしたフツノミタマのその後の行方については明記されていない。だが、先述した『先代旧事本紀』中の、物部氏の系譜を記した巻第五「天孫本紀」に興味深い記述がある。

この中の、神武朝に活躍したとされる宇摩志麻治命《うましまじのみこと》の条に、概略、次のようなことが記されているのだ。

初代神武天皇は、土豪長髄彦《ながすねひこ》を倒して神武に帰順した、宇摩志麻治命の功績をたたえ、神剣フツノミタマを彼に授けた。神武天皇が橿原宮《かしはらのみや》で即位すると、宇摩志麻治命は、祖神饒速日尊《にぎはやひのみこと》が天つ神から授けられた天瑞宝《あまつみずのたから》〈十種の神宝〉のこと）をまず献じ、また神楯《かんたて》を祀り、さらにフツノミタマを宮中に奉斎した。

次に、宇摩志麻治命の六世孫にあたる、伊香色雄命《いかがしこおのみこと》の条には、およそ次のようにある。

第十代崇神《すじん》天皇の御世、伊香色雄命は、建布都大神《たけふつのおおかみ》の社を大倭国《やまと》山辺郡《やまのべ》石上邑《いそのかみのむら》に遷した。祖神饒速日尊が天から授かった天璽瑞宝《あまつしるしみずのたから》（十種の神宝）もともに納めて祀った。これを石上大神と名づけ、国家と一族のために崇め祀り、鎮めとした。

伊香色雄命が石上の地に遷した「建布都大神の社」とは何だろうか。『古事記』にタケミカヅチの別称として建布都神がみえる。したがって、「建布都大神の社」とは、宇摩志麻治命が宮中で奉斎した、タケミカヅチの佩刀《はいとう》フツノミタマの祭祀を指しているとみるべきだろう。

つまり、神剣フツノミタマは当初は宮中で奉斎されたが、第十代崇神天皇の時代になって石上邑に遷座し（石上神宮の創祀）、物部氏によって祭祀された、ということになる。このあたりは、石上神宮が物部氏の氏神として信仰されたことの、由来譚にもなっている。

ちなみにフツとは擬声語がもとで、鋭い剣で鮮やかにスパッと切る状態を表すという。悪霊を断ち切るという呪術的なニュアンスもそこには込められているのだろう。

『日本書紀』における石上神宮創祀伝承

記紀に戻ると、崇神の次代である垂仁《すいにん》朝のところでも、石上神宮が言及される。『日本書紀』垂仁三十九年十月条には、およそ次のようにある。

垂仁天皇皇子の五十瓊敷命《いにしきのみこと》が、茅渟《ちぬ》（和泉国沿岸）の菟砥川上宮《うとのかわかみのみや》にいて、剣《つるぎ》一千口を作り、石上神宮に納め、五十瓊敷命が石上神宮の神宝をつかさどった。

またこの条には、「一《ある》に云《い》はく」として、概略、次のような注記がある。

五十瓊敷命は一千口の大刀を忍坂邑《おしさかのむら》（奈良県桜井市忍阪）に納めた。その後、忍坂から移して石上神宮に納めた。このとき、神が「春日臣《かすがのおみ》の族《やから》、名は市河《いちかわ》をして治めしめよ」と託宣したので、市河に治めさせた。これが物部首の始祖である。

この注記は、目立たないながらも、石上神宮の祭司一族に、物部連《もののべのむらじ》（いわゆる物部氏）の他に、市河を祖とする物部首《おびと》（物部連とは別個の氏族。後に布留氏と改称する）があるという、重要なことを証言しており、布留氏と石上神宮のつながりの由来譚にもなっている。

垂仁紀八十七年二月五日条にも、五十瓊敷命の話がみえる。

五十瓊敷命が妹の大中姫命《おおなかつひめのみこと》に「私は年老いたので、神宝をつかさどることできない。これからはお前がつかさどってくれ」と言った。しかし大中姫命は「私は手弱女です、どうして天の神庫《ほくら》に登ることができましょう」といって固辞した。だが、五十瓊敷命は「ならば、梯子を作ろう」といってなだめ、結局、大中姫命は物部十千根大連《もののべのとおちねのおおむらじ》に神宝の管理をゆだねた。物部連らが石上の神宝をつかさどるようになったのは、これがはじまりである。

昔、丹波国の桑田村に名を甕襲《みかそ》という人がいた。甕襲の家に犬がいた。名を足往《あゆき》という。この犬は山の獣のむじなを食い殺した。獣の腹には八尺瓊勾玉《やさかにのまがたま》があった。それを献上した。この玉は今、石上神宮にある。

このくだりからすれば、石上の神宝を納める神庫は、かなりの高さのある、高床式の倉庫だったと想像できそうである。そして、先述した、石上神宮の物部氏（物部連）による創祀を崇神朝とする『先代旧事本紀』とは異なり、物部氏（物部連）が石上神宮をつかさどるようになったのは、垂仁朝の物部十千根からとなっていることにも注目したい（十千根は、『先代旧事本紀』「天孫本紀」によれば、伊香色雄命の子である）。しかも垂仁紀三十九年十月条の注記を考慮すれば、彼らに先んじて、すでに神宮には物部首（布留氏）がいたことになる。

さて、そうなるとここで、『先代旧事本紀』にみえる、物部氏による石上神宮崇神朝創祀の伝承は、はたして信頼できるものなのだろうか、という疑問が生じる。もしかしたら、崇神朝創祀伝承とは、社司としてライバル関係にある布留氏に対して優位に立つために、物部氏がある時期から唱えはじめたものではないのか、という想像も働くが、この問題については、最後に論じることにしよう。

またここで、「丹波国の人が飼っていた犬が食い殺した獣の腹から勾玉が出て来て、それが石上神宮に納められた」という不思議なエピソードが付記されている点も、興味をひく。石上神宮には、大刀のほかに、勾玉類も神宝として収蔵されたことをこの伝承は示している。

もうひとつここで注意しておきたいのは、この『日本書紀』の記述からすれば、石上神宮は本来的には物部氏ではなく天皇家（大王家）が奉斎する神社であり、物部氏はあくまでも天皇家からその管理を委ねられたにすぎない、となっている点だ。この神社が古来、伊勢神宮とならび「神宮」の号を許されたことは、この聖地の祭祀が最終的には王権に帰属することを物語っているのではないか。

『日本書紀』には、この後も石上神宮が何度か言及されるが（履中紀、雄略紀、天武紀）、もはやフツノミタマについて触れる記述は見当たらない。

石上神宮の社宝・七支刀

ところで、石上神宮に伝わる刀剣としては、「七支刀《しちしとう》」（「ななさやのたち」とも読まれる）に触れないわけにはいかないだろう。

国宝に指定されている七支刀については、フツノミタマ同様、禁足地から出土したもの、あるいはフツノミタマそのものと解している人もいるかもしれないが、それは明らかな誤解である。七支刀は神庫に社宝として収蔵されていたもので、たしかに古い歴史をもつが、考古学の用語でいえば、出土品ではなく、伝世品に分類される。

七支刀は鉄製の両刃の剣で、その名称が示すように、刀身の左右に三つずつ小枝のような突起がある。柄や鞘などの外装はない。全長は七十四・八センチ、刀身は約六十五センチ。いつの時代から神庫に収められていたかは不明だが、江戸時代には「六叉鉾」「六叉刀」などと呼ばれてい

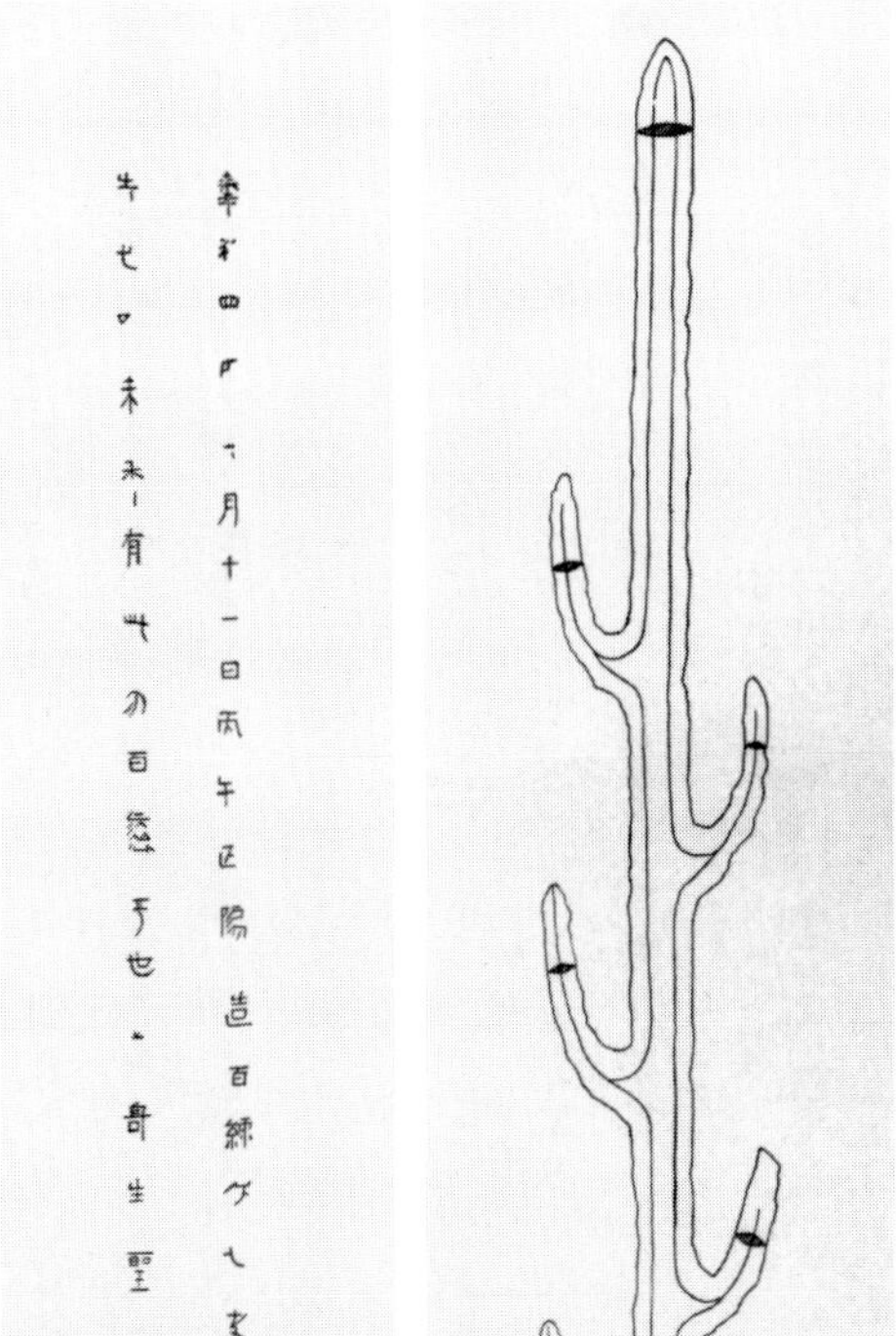

石上神宮に社宝として伝世していた七支刀（右）。左は刀身の表と裏に象嵌されたいた銘文。『石上神宮宝物誌』より。

【七支刀の銘文の判読例】＊上田正昭「石上の祭祀と神宝」（和田萃編『大神と石上』所収）による
（表）泰和四年五月十六日丙午正陽造百練鉄七支刀出辟百兵宜供供侯王□□□□作
（裏）先世以来未有此刀百済王世子奇生聖音故為倭王旨造伝示後世

たらしい。例年六月晦日には「神剣渡御」の祭儀が行われるが、江戸時代には七支刀が「神剣」として祭儀に用いられていた。つまり、かつては七支刀は神宮の御神体同様の扱いを受けていたことになる。フツノミタマと同一視されていた可能性も指摘できよう。

気になるのは、その奇怪な形状である。刀剣あるいは鉾としての実用性はおよそ感じられない。魔除けの呪刀とみるのが妥当ではないだろうか（上田正昭『倭国の世界』）。

七支刀は、長い歳月の経過とともに厚い錆に覆われてしまった。この錆が落とされたのは明治に入ってからのことで、それを行ったのは、やはり菅政友だった。それは彼が最初の禁足地調査を行った時期の前後のこととみられる。そして、錆をおとして研ぎだすと、驚くべきことに、文字が現れた。――刀身の表に三十四文字、裏に二十七字が、金象嵌《きんぞうがん》によって彫り込まれていたのだ。

銘文の判読は政友以降、多くの学者によって試みられてきた。欠字や判読困難箇所があるため、読み方をめぐっては論議があるが、あえて大意を示すと、以下のようになる。

泰和四年五月十六日の正午に、最上の鉄で七支刀をつくった。Ⓐ敵から身を護る呪力をもち、侯王（一国の君主）の供用とするに宜しい。□という者がこれをつくった。昔からこのようなすぐれた刀はない。Ⓑ百済王と太子とは、生命を御恩に依っているが故に、倭王の御旨によって造った。永く後世に伝わるように。

原文では冒頭の「泰和」の「和」の部分は削落しているため、当初は「泰初」「泰和」などと推定するものもあったが、現在では「泰和」が定説である。これは中国・東晋の年号で、泰和四年は西暦では三六九年にあたる。

そして、銘文の解釈をふまえて論争となったのは、この刀は朝鮮半島の百済《くだら》国の王が倭王（天皇）に献上したものなのか、それとも下賜したものなのか、という問題である。

今ここに挙げた現代語訳のⒷの箇所は、昭和戦後にいち早く調査・研究を行った建築史研究家の福山敏男らの解釈によったものだが、これにもとづけば、七支刀は百済が日本に献上したものと考えるのが妥当となろう。また、この解釈をとる場合は、『日本書紀』神功皇后摂政五十二年九月十日条の「（百済王の使者である）久氐《くてい》らが、千熊長彦《ちくまながひこ》（ヤマト朝廷の外交担当者か）に従ってやって来て、七《ななつ》枝刀《さやのたち》一口、七子鏡《ななつこのかがみ》一面、および種々の宝物を献《たてまつ》った」という文にみえる「七枝刀」を石上神宮の七支刀に相当するものととらえ、この記述を献上説の裏付けとする（『古事記』には、これに関連すると思われる記事が応神天皇の箇所にあり、「百済の国主《こにきし》照古王《せうこわう》、牡馬《をま》壱疋《ひとつ》・牝馬《めま》壱疋をもちて、阿知吉師《あちきし》に付けて貢上《たてまつ》りき。また、横刀《たち》また大鏡を貢上りき」とある）。

しかし、Ⓑの箇所（原表記は「百済王世子、奇生聖音、故為倭王旨造」）については、「奇」「旨」を人名ととらえ、「百済王と百済の太子の奇が平和な時代に生まれて倭国と交流できることを喜び、倭王の旨のためにこの刀をつくった」と解する向きもある（武光誠『大和朝廷と天皇家』）。この解釈をとれば、百済と日本の対等かつ友好的な関係のなかで、七支刀が日本に贈られた、ということになろう。ただしこの場合は、「倭王の旨」とは一体誰なのか、どの天皇（大王）を指しているのだろうか、という大きな疑問が生じる。

結局、七支刀をめぐる献上説、下賜説、贈与説は、欠字の多い銘文の解釈次第で意見が分かれるところである。

いずれの説をとるにしろ、ここで重要なのは、石上神宮の神庫に収められていた七支刀は、四世紀後半に百済から日本に伝来したものだった、ということだろう。

なお、Ⓐの箇所の原文は「辟百兵」だが、道教学者の福永光司は、この三文字は、『抱朴子《ほうぼくし》』金丹篇にみえる「（丹金を）以て刀剣に塗れば、兵を辟《しりぞ》くること万里」「（神丹の霊験は）能《よ》く五兵を辟く」「此の（神丹の）道を知る者は、何ぞ王侯を用《も》って為さん」などの表現をもとにしたものではないか、という指摘をしている（『道教と古代日本』）。『抱朴子』は四世紀に成立した道教文献で、古代中国の錬金術書である。

福永は、これらのことから敷衍して、七支刀の不思議な形状は、六種の薬物を水で溶かして調合するという、錬金術理論を象徴的に表現したものではないか、という見方も提示している。

七支刀は「国魂」として石上神宮に納められた

なぜ、七支刀は石上神宮に納められたのだろうか？

これについてもさまざまな説が成り立つが、ひとつの興味深い見方として、七支刀は、百済の「国魂《くにたま》」のシンボルとして、日本における神宝の収蔵庫である石上神宮に納められたのだ、とするものがある（岡田精司『新編　神社の古代史』）。

先述した『日本書紀』神功皇后摂政五十二年九月十日条には、七枝刀ほかの重宝献上の記述につづいて、百済の肖古王《しょうこおう》（照古王、近肖古王）が孫の枕流王《とむるおう》に「汝当《いましはた》善《よ》く和好《よしび》を脩《をさ》め、土物《くにつもの》を聚斂《つみあつ》めて、奉貢《みつきたてまつ》ること絶えずは、死ぬと雖《いふと》も何の恨みかあらむ（おまえがよく親交を結び、土地の産物を集めてヤマト朝廷に献上することを絶やさなかったら、死んでも何の悔いもない）」と語ったとある。百済王が自国の重宝を「土物」として日本に献上したということは、それが百済の「国魂」のシンボルとしてとらえられていたことの言い換えと解することもできよう。

また、石上神宮は、先述したように、古代においては、諸豪族から献上された、刀剣・玉類などの神宝を納める「神庫」という役割を担っていた。それは、全国各地に宿る神霊のシンボル、すなわち国魂のシンボルを収納することであり、地方首長からすれば人質を送るようなもので、中央王権に服属することの古代的な表明であった。

それと同様に、現実に百済が日本に献上したか、下賜したのか、あるいは対等な関係のなかで贈与したのか、という問題はさておき、日本の天皇は、一種の呪具でもあった百済渡来の七支刀を、その国の国魂のシンボルとみなし、百済を属国とみなす意識をもって、大王家、国家の神庫として機能していた石上神宮に納めたのではないか、ということである。

また、垂仁紀二十七年八月七日条に、

神官に命じて、兵器を神への幣物《へいもつ》（供物）としてよいかどうか占わせたところ、吉《よ》しと出た。そこで、弓矢や横刀《たち》を、諸々の神社に納めた。よってさらに神地《かむどころ》・神戸《かむべ》を定め、時を決めて祀らせた。兵器を以て神祇を祀ることは、この時に始まった。

とあるのも参考になろう。すなわち、古代においては、刀剣などの兵器は、神への供物として、また神社に納める神宝として、ごく一般的であった、ということである。刀剣の輝きと鋭利さは、それを有する支配者の権威の象徴であると同時に、それ自体が不可侵の霊威の象徴とみなされたのだろう。

王権専属の宝物庫としての石上神宮

ただし、ここで私見をはさむと、ごく単純に、石上神宮のルーツはヤマト王権専属の宝物庫であったと考えるとこともできるのではないだろうか。

七世紀末に恒常的な王都として藤原京が築かれるまで、古代日本の王宮は、飛鳥地方を中心に天皇ごとに移転を繰り返した。たとえば、第十代崇神天皇は磯城瑞籬宮《しきのみずかきのみや》（奈良県桜井市金屋付近）、第十一代垂仁天皇は纏向珠城宮《まきむくのたまきのみや》（桜井市穴師付近）、第二十一代雄略天皇は泊瀬朝倉宮《はつせのあさくらのみや》（桜井市黒崎付近）である。移転の理由については「崩御した前天皇の死穢《しえ》を忌んだため」「当時の建築技術が未熟で、宮殿の耐久年数が短かったら」など、いくつかの説がとなえられているが、定説はない。

だが、いずれにしても、このような移転を繰り返すなかで、大王家に各地・各氏族から献上された、あるいは献納させた、増え続ける宝物・神宝も同時に王宮へ移転させることは、しだいに面倒な作業になっていたはずである。そこで、王権の恒常的な宝物庫の建造が発案され、その地として、初期ヤマト王権の王都や王陵を結ぶ「山辺の道」沿いにある石上布留が選ばれたのではないだろうか。そして、その管理者に任じられた物部氏には、神宝の祭祀の執行というよりは、朝廷の軍事・警察をつかさどる氏族として、神宝の警護という役割が期待されたのではないだろうか。

つまり、王宮が頻繁に移転していた時代に、大王家の恒常的な宝蔵として建造されたのが石上神宮だった、という見方である。東大寺の正倉院のある種の前身という言い方もできるだろう。

天武天皇の宝物返還命令の謎

ところが、七世紀後半になって、王宮の宝物庫としての石上神宮はひとつの転機を迎えたようである。

『日本書紀』天武《てんむ》天皇三年（六七四）八月三日条によると、天皇は忍壁皇子《おさかべのみこ》を石上神宮に遣わし、油で神宝を磨かせた。さらにその日、天皇はこう勅《みことのり》したという。

元来《はじめより》諸家《もろもろのいへ》の、神府《ほくら》に貯《つ》める宝物、今皆《みな》其《そ》の子孫《うみのこ》に還せ。

この勅語は、そのまま現代語訳するとすれば、「石上神宮の神庫に納められている以前からの諸氏族の宝物は、今、すべてその子孫に返還しなさい」となろう。

だが、この一文の解釈は、難しい問題をはらんでいる。

もしこの言葉が正しく実践されたのなら、神庫はこれ以降、あらかた空になってしまったはずである。

しかし現実には、九世紀初頭の時点で、石上神宮の神庫には大量の神宝が収められていたらしい。

その証左となるのが、『日本後紀《にほんこうき》』の記述である。

同書の延暦二十四年（八〇五）二月十日条によると、その前年に十五万七千もの人を使って石上神宮に収められていた兵仗が山城（京都府）国葛野《かどの》郡つまり平安京に運ばれた。石上では都（平安京）から遠く、不便であったからだ。ところがその後、蔵が壊れたり、桓武天皇が病気になったりするなど神異が起きたため、巫女にうかがいをたてると、「歴代天皇が納めた神宝を、我が庭をけがして運び収めることはならぬ」という石上神宮の神すなわちフツノミタマの託宣が下った。そこで、この年（つまり延暦二十四年）の二月、天皇はフツノミタマの鎮魂を命じ、石上神宮にてくだんの巫女により祭儀が執り行われると、巫女は夜通し憤怒して、神宝の運収をとがめる神託を告げた（「彼の女巫《じょふ》を召して、御魂《みたま》を鎮《しず》めしむ。女巫通宵忿怒《よもすがらふんど》し、託語すること前《さき》の如し」）。その後、天皇の年齢に准じて六十九人の僧侶が社前で読経し、兵仗は石上神宮に戻されたという。

兵仗とは実戦用の武器のことで、儀礼用の武器である儀仗に対する語だが、とにかくこの記録によれば、石上神宮の神庫には大量の武器が存在していたことになる。神宮にあるからには、それは当然「神宝」ともみなしうるだろう。

すると、神庫からの神宝の返還を命じた天武天皇のかつての勅とは大きな矛盾が生じることになるが、このことは、どう解すればよいだろうか。

ひとつの解釈は、天武天皇の勅は「宝物」を返還させたものであって、「武器」を返還させたものではない、というものだ。つまり、石上神宮の神庫は、天武天皇の勅以降、宝物庫ではなく、実戦用の武器を収蔵する武器庫としての性格を強めるようになったということだ。

だが、この解釈にも難点がある。

『日本後紀』の石上神宮をめぐる記述自体に、首をかしげたくなる部分があるからだ。

同書によれば、神庫の兵仗は移動にのべ十五万七千人も擁したというが、それは具体的にどれくらいの分量だったのだろうか。仮に、兵仗がすべて刀剣で、十人一組で刀剣一振りを納めた櫃《ひつ》を捧げ持って運んだとしても、その数は一万五千七百本となる。それだけのものを収蔵する蔵となると、かなり大きな建物を想像しなければならない。それこそ正倉院級のものだろう。だが、石上神宮の神庫が、そこまで大きな建物であったことを示す証拠はない。

『日本後紀』の編纂には、石上神宮の祭祀を担っていた布留氏（旧物部首）の人間とみられる布留宿《すく》禰高庭《ねのたかにわ》が携わっていた。こうしたことからすれば、『日本後紀』の延暦二十四年条の石上神宮をめぐる記述には、石上神宮側の人間による誇張や潤色がほどこされていたとしても不思議ではない。

つまり、石上神宮をめぐる『日本後紀』の記述は信憑性が低い、ということである。だとすれば、「天武朝以降、石上神宮は宝物庫というよりは武器庫として機能した」「宝物は返還したが、武器は返還しなかった」という見方も、裏付けを欠くことになる。

石上神宮の神庫には皇室ゆかりの宝物だけが納められた

そこで天武天皇の勅語に対して次に考えられる解釈は、それを「石上神宮の神庫からは諸氏族の宝物は一掃し、納めるのは皇室ゆかりのもの（神宝）に限る」ととるものだ。

つまり、王権の神庫としての性格をより徹底せしめるわけである。この場合は、当然、神宮を管掌する物部氏に伝来する神宝も神庫に残されたとみるべきだろう。『日本書紀』垂仁天皇の記事にもとづけば、その中には、五十瓊敷命《いにしきのみこと》が作ったという一千口の剣や丹波国の獣の腹から出てきた勾玉が含まれていたはずである。

ところで、中世以降になると、石上神宮の神庫は略奪や盗難に遭ったとみられ、明治までには、古代の兵器類としてはめぼしいものとして、七支刀と、五世紀後半頃の製作とみられる鉄楯二面が残るだけとなっていた。

七支刀が残ったのは、幸いにも、それが異形で、しかも錆にあつく覆われていたため、宝物とも武器ともみなされなかったからだろう。

なお、もう一方の貴重な伝世品である鉄楯の由来については、『日本書紀』仁徳《にんとく》天皇十二年七月条の「高麗国《こまのくに》（朝鮮半島の高句麗《こうくり》）、鉄《くろがね》の盾・鉄の的《まと》を貢《たてまつ》る」が参考になろう。また、用途については、先述したが、『先代旧事本紀』巻第五「天孫本紀」に神武天皇即位の際、宇摩志麻治命が「神楯」を祀ったとある他に、『日本書紀』持統《じとう》天皇四年（六九〇）正月一日条に、持統天皇の即位式において、「物《ものの》部麻呂朝臣《べのまろのあそみ》、大盾を樹《た》つ」とあるのが参考になろう。

もうひとつの霊剣フツシミタマの謎

石上神宮には、フツノミタマ、七支刀の他に、もうひとつ重要な剣が祀られてきた。このことについても触れておかなければならない。

その剣とは、スサノオが出雲国で八岐大蛇退治に用いたとされる「十握剣」で、現在、石上神宮ではこの神剣の神霊を布都斯御魂《ふつしみたま》神と呼び、祭神のひとつとしている。

八岐大蛇を十握剣で退治するスサノオ。月岡芳年画「素戔嗚尊出雲の簸川上に八頭蛇を退治し給う図」。『日本略史之内』（1887年）より。

なぜ、フツシミタマが石上神宮に祀られているのだろうか。

現存する史料のうち、フツシミタマと石上神宮の縁起を明瞭に語る最古の史料は、江戸時代の十七世紀末頃に成立したとみられる『石上振神宮二座』（『神道大系神社編十二　大神・石上』所収）である。これは、石上神宮の神官・田村光由の口伝を筆記したとされるものだ。

まず冒頭には「第一　建布都大神　第二　布留御魂神」と、祭神二座が掲げられている。建布都大神はフツノミタマのことである。布留御魂神は現行の祭神と同じで、「十種の神宝」の神霊である。

次に「加えて祭神一座」として「第三　布都斯魂神」とある。

そして、フツノミタマ、布留御魂神の縁起について、記紀、『先代旧事本紀』などの諸書を引用しながら説いたあと、フツシミタマについて触れるのだが、それは現代語訳すると、次のような内容になっている。

> スサノオが蛇を斬った十握剣は、名を天羽々斬《あめのははきり》という。また、蛇之麁正《おろちのあらまさ》という。その神気を称えて布都斯魂神《ふつしみたまのかみ》という。（中略）
> 天羽々斬は神代の昔から難波高津宮《なにわのたかつのみや》の御世（仁徳朝）の五十六年に至るまで、吉備《きび》の神部《かむとも》のもとにあった。今の備前国石上の地がこれである。五十六年十月二十一日、布留連《ふるのむらじ》の祖である物《ものの》部首市川臣《べのおびといちかわのおみ》が勅を奉じて、布都斯魂神社を石上振神宮の高庭の地に遷し加えた。
> 高庭の地の底の石窟の内に天羽々斬を、布都御魂横刀《ふつのみたまのたち》の左座に加えおさめ、東方とした。これが布都御魂横刀を中央とする理由である。その神器の上に霊時《れいじ》（まつりの庭）を設け、布都斯魂神を拝みまつり、祭神に加えた。

すなわち、スサノオが八岐大蛇を斬るのに用いた十握剣は、どういう理由かは定かではないが、一時備前国（岡山県南東部）にあったが、仁徳朝になって、物部首（のちの布留氏）の市川臣によって石上神宮の高庭（土を盛って築かれた祭場のことか）、すなわち現在の禁足地にあたる場所の地下の岩窟の、フツノミタマの左座に祀られた、というのである（なお、同書によれば、右座には布留御魂神が祀られた。つまり、禁足地にはフツノミタマを主座として三種の神宝が埋納されことになる）。そうなると、石上神宮の禁足地には、フツノミタマの他に、もう一振り神剣が埋納されていた、ということにもなろう。

『日本書紀』にみえるフツシミタマ伝承の原型

しかし、この文献が江戸時代に成立したことを考えると、ここに書かれた縁起を、すべてそのまま史実とみなすわけにはいかない。

ただし、この記述のもとになったとみられる伝承は、記紀や古代文献のうちに断片的に認めることができる。

まず第一に、スサノオの十握剣＝フツシミタマが当初、備前にあったことに言及するものについては、次のようなものがある。

スサノオの蛇を斬った剣は、今吉備の神部のところにある。(『日本書紀』神代上・第八段一書《あるふみ》第三)

「吉備」は現在の岡山県全域のことで、このなかに「備前」が含まれる。「吉備の神部」については、『延喜式神名帳』に備前国赤坂郡六座のうちのひとつとして「石上《いそのかみ》布《ふ》都《つ》之《の》魂《みたま》神社《のかみのやしろ》」があり、これを指すとみるのが定説で、この社に比定されるのが岡山県赤磐市石上《いしかみ》の石《いその》上《かみ》布《ふ》都《つ》魂《のみたま》神社である。ただし、社名はあくまでフツノミタマであり、フツシミタマの名が出てこないことが気にかかる。もっとも、『日本書紀』には、スサノオの十握剣について、「フツシミタマ」と呼称する箇所はない。

岡山県赤磐市石上の石上布都魂神社。

ちなみに、江戸時代後期の岡山藩士大沢惟貞が編纂した『吉備温故秘録』巻二十には、「備前の石上布都魂神社が石上の本社であり、大和の石上神宮はこれを勧請《かんじょう》したもの」とする「石上備前ルーツ説」が説かれている。

やや話が脱線するが、この石上布都魂神社の鎮座地は岡山県東部の交通の便のあまりよくない山間で、拝殿もさほど大きなものではない。だが、拝殿から十分ほど登った大松山山頂の巨石が本宮で、この巨石は神が天降った磐座《いわくら》として信仰され、また神社の御神体ともされ、付近は禁足地になっている。現在は小さな祠が置かれている程度だが、江戸時代にはここに本殿が建っていたらしい。

この磐座をみていると、「石上」の字義からすれば、たしかにここそが石上社の本源であるような気もする。ただし、参詣した際に宮司に尋ねたところ、「イソノカミというのはこの一帯の地名で、本来は〈磯の上〉の意味が強いと聞いている。往古は海岸線が現在よりもずっと北側にあり、海に近かったのだろう」とのことであった。もちろん、石上備前ルーツ説を支持されていた。ちなみに、この神社の宮司は代々、物部の姓を称している。

もし、石上備前ルーツ説が正しいとすれば、「なぜ、備前なのか?」という疑問が当然浮かぶ。この謎を解く手がかりとなりうるのは、備前(吉備)の地が、古くから鉄の生産地として知られていた、という歴史的事実である。大和の石上神宮の神庫に奉納された古い鉄剣・鉄刀には、吉備産の鉄によって鍛造されたものが多く含まれていたのではないだろうか。付記しておくと、石上布都魂神社から北へ二十キロほどの岡山県津山市神代《こうじろ》の稼山《すくもやま》の斜面にはかつて日本最古の製鉄遺跡とされた大蔵池南《おおぞういけみなみ》製鉄遺跡があるが、年代は六世紀後半〜七世紀頃とみられている。六基の製鉄炉跡が検出されており、砂鉄を原料にしていたと推測され、昭和五十五年(一九八〇)の発掘調査時には製鉄遺跡としては岡山県内はもちろん日本最古とされたが、その後、三世紀の小丸《こまる》遺跡(広島県三原市)からも製鉄に関わるものと推測される遺構や遺物がみつかったことから、日本の製鉄は弥生時代にまでさかのぼる可能性が指摘されている。

また、この石上備前ルーツ説に立てば、大和の「石上」という地名は副次的に生じたもので、大和の「フル(布留)」の地に、備前の石上(イソノカミ)に祀られていた神を遷し祀ったので、その鎮座地が「石上」とも呼ばれるようになった、と考えることができる。石上備前ルーツ説は十分検討に値する問題であろう。

なお、『日本書紀』神代上・第八段一書第二には「その蛇を斬った剣は、名付けて蛇之麁正《おろちのあらまさ》という。これは今、石上にある」とあるが、ここにみえる「石上」は、大和の石上神宮とも、備前の石上布都之魂神社とも解しうる。

『新撰姓氏録』にみえるフツシミタマ伝承の原型

次に、仁徳朝にフツシミタマが物部首（後の布留氏）の市川臣によって石上神宮に納められたことについては、典拠として二つの史料があげられる。

ひとつは『日本書紀』で、それはすでに紹介した（71ページ）、垂仁三十九年十月条の注記である。

五十瓊敷命は一千口の大刀を忍坂邑に納めた。その後、忍坂から移して石上神宮に納めた。このとき、神が「春日臣の族《やから》、名は市河をして治めしめよ」と託宣したので、市河に治めさせた。これが物部首の始祖である。（一部要約）

ここにみえる市河とは、市川臣のことだろう。

もうひとつの史料は、平安時代初期の弘仁六年（八一五）に編まれた、古代諸氏族の系譜集である『新撰姓氏録《しんせんしょうじろく》』の布留氏の項である。

布留宿禰《ふるのすくね》：柿本朝臣《かきのもとのあそみ》と同じ祖で、天足彦国押人命《あめたらしひこくにおしひとのみこと》（孝昭天皇の皇子）の七世孫、米餅搗大使主命《たがねつきおおおみのみこと》の子孫である。仁徳天皇の御世に、米餅搗大使主命の子・木事命《こごとのみこと》の子・市川臣が倭《やまと》（大和）に出て、布都努斯神社《ふつぬしのかみのやしろ》を石上郷の高庭の地に斎いまつり、市川臣を神主とした。その四世孫は額田臣《ぬかたのおみ》、武蔵臣《むさしのおみ》である。斉明《さいめい》天皇の御世に、蘇我蝦夷《えみし》が武蔵臣を物部首ならびに神主首《かむぬしのおびと》となづけた。これによって（武蔵臣は）臣姓を失い、物部首となった。その息子である正五位上《しょうごいじょう》の（物部首）日向《ひむか》は、天武天皇の御世に、社の地名によって、布留宿禰の氏姓に改めた。（「大和国皇別」）

長くてわかりづらいかもしれないが、ポイントは次の二点である。

①孝昭天皇の皇子の末裔である市川臣は仁徳朝に布都努斯神社を石上郷の高庭にまつり、神主となった。

②その子孫は斉明朝に物部首を称したが、天武朝に、神宮鎮座地の地名「布留」にもとづいて、布留氏と改めた。

ここで気になるのは、記事にみえる「布都努斯神社」とは何かということである。

フツヌシといえば、『日本書紀』でタケミカヅチとともに出雲国へ降った経津主神が彷彿される。

フツという語を冠する経津主神もまた剣神なので、布都努斯神社とは、タケミカヅチのフツノミタマとは別個の神剣を指しているのかとも思える。しかし、『先代旧事本紀』「天孫本紀」にはフツノミタマの剣の「亦の名」として、「布都主神魂刀《ふつぬしのみたまのつるぎ》」とあるので、フツヌシ＝フツノミタマと解することも可能である。そうなると、この『新撰姓氏録』の記述は、フツノミタマの奉斎にはじまる石上神宮の創祀を、崇神朝の物部氏ではなく、仁徳朝の布留氏に置いていることになる。

一方で、フツヌシから一字抜けばフツシとなり、フツシミタマと結びつく。現に『石上振神宮二座』は、『新撰姓氏録』の「布留宿禰」の項を一部引用するとき、「布都努斯神社」のところを「布都斯魂神社」と書いてあるが、これなどは、フツヌシをフツシミタマとするために意図的に行われた書き換えではないだろうか。

フツシミタマ伝承は祭祀族の対立に起因する後世の造作か

石上神宮には中世以前に神宮側が製作した古縁起が存在していたとみられるが、残念ながら、十六世紀後半、尾張の武士団が乱入したおりに、宝物とともに貴重な古文書も散失してしまった。そのため、現在の石上神宮には、中世以前の古文書は伝わっていないという。

したがって、『石上振神宮二座』成立よりも以前に、断片的であれ、これに類似したフツシミタマの縁起を記した文献が存在していた可能性は、否定できない。

しかし、いずれにしても、「スサノオが用いた十握剣が、仁徳朝に布留氏の遠祖によって、石上神宮の禁足地の地底の、フツノミタマの隣に、フツシミタマとして埋納された」というこの縁起の骨格は、ある時代に、先に挙げた記紀や『古語拾遺』、『新撰姓氏録』の古伝承をもとにして形成されたとみるのが穏当ではないだろうか。

つまり、記紀に石上神宮に祀られていることが明記されているフツノミタマとは違って、フツシミタマの伝承は、かなり後代になって形成されたとみられるのだ。ただし中世には、フツシミタマ（スサノオの十握剣）が石上神宮に祀られていることは人口に膾炙していたらしく、『太平記』（一三七一年頃成立の軍記物語。鎌倉幕府滅亡と南北朝の争乱を描く）には「（スサノオの）十握剣と申すは、大和国布留社の神体とならせたまふ」（巻二十五「三種の神器来由の事」）とある。

それでは、なぜフツシミタマ伝承が形成されたのだろうか。

それは、おそらく石上神宮の祭祀一族の対立が遠因と考えられる。

先にみたように、石上神宮の祭祀者には、物部氏と布留氏の二流があった。

このうち、物部氏は、ニギハヤヒを祖神とし、大王家に軍事をもって奉仕し、大和朝廷では本家が大連《おおむらじ》を代々世襲した、名だたる一族である。周知のように、六世紀に蘇我氏との抗争に大連の物部守屋が敗れて物部氏は滅びたといわれるが、現実に滅びたのは大連家の物部氏であって、支流は残り、彼らが石上神宮を司ったのである。そして天武朝には石上朝臣《いそのかみのあそん》に改氏姓し、物部氏の本流の伝統を受け継ぐことになった。

一方の布留氏は、孝昭天皇の末裔とされるが、物部氏ほどの家名はない。おそらく当初、石上神宮の祭祀者としては、物部氏がトップであり、布留氏は実務担当者、という分担だったであろう。あるいは、布留氏は石上布留土着の氏族で、物部氏は祭祀責任者として中央から派遣されるようなかたちで石上神宮に着任した可能性もある。しかし、石上朝臣が中央に進出し官僚化が進み、その反動で彼らの神宮管理がおろそかになりだすと、これに代わって布留氏が神宮祭祀の管掌を主導しようとするようになったのだろう。

このため、以後、石上朝臣と布留氏は、歴史的にライバル関係を築いていった。

このような経緯を仮定すれば、次のような推理が成り立つ。

古来、石上神宮では物部氏（のちの石上朝臣）が中心となって神剣フツノミタマを奉斎した。しかし、次第に勢力をもちはじめた布留氏は、神話上ではフツノミタマよりもさらに古い由緒をもつスサノオの十握剣の伝承を脚色してフツシミタマ伝承を編み、それを喧伝し、物部氏に対抗しようとした――。

また、フツノミタマは布都之御魂と表記することもできるが、「之」にはシという音があるので、フツシミタマと読み換えることも可能で、さらにシを斯《し》で置き換えて表記すれば、布都斯御魂となる。フツシミタマはフツノミタマを意図的に読み換えてつくられた神名なのかもしれない。

つまり、

フツノミタマ＝物部氏の氏神
フツシミタマ＝布留氏の氏神

という構図が描かれたということである。

フツノミタマはいつ禁足地に埋められたのか

話を再びフツノミタマに戻そう。

記紀、『先代旧事本紀』に記された伝承をまとめると、フツノミタマは神代にタケミカヅチが大国主神の国譲りの際に用いた霊剣であり、それは神武東征の折、高倉下を介して神武天皇の手に渡り、大和平定後は物部氏の祖神・饒速日尊《にぎはやひのみこと》の子である宇摩志麻治命に授けられた。その後、宮中に奉斎されていたが、第十代崇神天皇の御世になって、宇摩志麻治命の子孫である伊香色雄命（物部氏の祖）によって石上に遷され、石上神宮が創祀された。ただし、『日本書紀』がフツノミタマの石上神宮での創祀期について沈黙し、物部氏が石上神宮の神宝を管理するようになったのは第十一代垂仁天皇の時代からと記しているのは、先に記した通りである。

一方、明治七年、菅政友によって石上神宮の禁足地から全長約八十五センチの鉄剣が発掘された。それはほどなく御神体として本殿に安置されたため、もはや実物を検証することはできないが、発掘時の記録から、古墳時代前期（四世紀）の素環頭大刀と推測することが可能である。政友はこの鉄刀を神代に由来するフツノミタマとみなした。しかし、考古学的にみれば、この鉄剣の歴史は四世紀よりも以前にさかのぼることはほぼ不可能である。

さらに問題となるのは、鉄刀が禁足地に埋納された年代である。

石上神宮に禁足地が存在したこと、神剣が地中に埋納されたことについては、記紀や『先代旧事本紀』には、いっさい言及がない。神庫の存在は『日本書紀』垂仁紀にすでに明言されているが、禁足地の存在が明瞭となるのは、文献上ではようやく江戸時代なかばからである。これは、中世の古文書が散失してしまったことを考慮しても、いささか不思議なことである。もし、古代から禁足地が存在し、そこにフツノミタマが埋納されていたとしたら、記紀や『先代旧事本紀』の徹底した沈黙は、意図的なものとしか思えない。

こうしたこともあってか、政友は、十五世紀の応仁の乱以降、兵乱によって神剣が冒瀆されることを畏れて、神宮側が故意に斎《いわ》い埋めたのだろうと推測している。

ところが、和田萃編『大神と石上』に収録されている置田雅昭「禁足地の成立」は、考古学的な研究成果を踏まえ、禁足地の成立年代について、次のような推測をくだしている。

禁足地出土品は大部分が古墳時代前期のものであり、一部、弥生時代にさかのぼるものもある。しかし、禁足地成立の年代決定にあたっては、出土品のうち最も新しいものによるべきであるから、金銅製品を含むことにより古墳時代中期以降とすべきであろう。

つまり、素環頭大刀は古墳時代前期(三世紀なかば〜四世紀)に製作され、古墳時代中期(五世紀)になって禁足地が成立し、そこにその鉄刀が埋納された、ということになる。

なお、刀が埋納された理由については、モノを地中に埋めることは一種の呪儀であり、神社に社伝が建てられる以前に行われていた、古い祭祀形態の痕跡である、とするのが、ひとつの有力な見方である。

ちなみに、崇神天皇は奈良盆地南東部の纏向《まきむく》遺跡との関連性から、実在していたとすればその治世は三世紀後半頃のこととみられる。仁徳天皇については、中国の歴史書『宋書《そうしょ》』に登場するいわゆる「倭の五王」のはじめである「讃」に比定する説があるが、『宋書』によれば倭国の讃が宋に遣使したのは、永初二年(四二一)、すなわち五世紀前半にあたる。

すなわち、考古学的推測による禁足地の成立年代は、記紀や『先代旧事本紀』『新撰姓氏録』にみえる石上神宮伝承の時代と、大方重なり合うことになる。

ところが、ここでまた問題が浮上する。禁足地の神剣出土地点(地表下約九十センチ)である下層部とは別に、上層部にあたる地表下三十センチのところから古瓦類が出土しているからである。この古瓦は明治七年の発掘調査では埋め戻されたらしく、確実な遺品がないが、置田雅昭氏は、大正二年の禁足地出土品をもとに、十五〜十六世紀前半のものだろうと推測している(前掲「禁足地の成立」)。

そこで、もしこの推測が正しいとしたうえで、さらにある特定の時期に地表下九十センチの深さまで一気に掘られてからまず神宝が埋納され、さらにその上に瓦類が埋納されたと想定するならば、禁足地の成立を十五、六世紀にまで下げることも可能なはずだ。この時代は政友の推測に近い。

そもそも、モノを地中に埋める呪儀は、丘陵の斜面から出土するケースが多い弥生時代の銅鐸や、一カ所から弥生期の銅剣三百五十八本がまとめて出土した島根県の荒神谷《こうじんだに》遺跡がよく例証として引き合いに出されるが、基本的には弥生時代の風習とみるべきであって、古墳時代にはもう時代遅れのものとなっていたのではあるまいか。

禁足地からはじつは複数の刀剣が出土していた

このように検討してゆくと、政友が禁足地から発掘した鉄刀を、神代に起源をもつ、そして神武東征で用いられたというフツノミタマと同一視することは難しいことのように思えてくる。

むしろ、王権の軍事・警察を担っていた物部氏が古墳時代のある時期に大王から鉄刀を賜ったという史実と、大王家の神話に伝わる国土平定に用いられた霊剣の伝承とが、長い歳月の流れのなかで組み合わさることで、石上神宮のフツノミタマ伝承が形成されていったのではないか――と考えた方が合理的であるような気すらする。

しかしそれでも、この鉄刀がフツノミタマであることを否定することに躊躇をおぼえる人も少なくないだろう。

というのも、ほぼ原形をとどめたものとしては、石上神宮の禁足地の地下から出土した唯一の刀剣である、という事実が、この鉄刀に神話的な由来にふさわしい威儀を付与しているからである。言い換えれば、菅政友は、「禁足地から発見された刀剣」がその一振りしかなかったからこそ、それをフツノミタマと推定しえたのだろう。

とにもかくにも、石上神宮の禁足地からは、深い歴史をたたえた蒼古たる一振りの鉄刀が出土し、それが今も本殿に奉安されていることは、間違いのない事実なのである。

ところが、である。

ここで、これまでの前提を翻す事実を指摘しなければならない。

じつは、禁足地から出土した刀剣は一振りではなかった。

発掘調査時の資料を精査すると、禁足地から出土した刀剣が、一振りではなく複数存在していたらしい事実が浮かび上がってくるのだ。

具体的にいうと、菅政友が行った明治七年の発掘ではなく、二度目にあたる明治十一年に行われた石上神宮の禁足地調査において、なんと五振りもの刀剣が出土し、しかもそのいずれもが古墳時代にさかのぼりえるものだったというのだ。

以下では、従来あまり重視されなかった明治十一年の発掘に着目し、未公刊文書などもまじえてこの問題を明らかにした藤井稔『石上神宮の七支刀と菅政友』(二〇〇五年)に拠りながら、禁足地から出土した刀剣の実態を探ってみよう。

明治十一年の調査で発掘された三本の刀剣

明治十一年五月十六日・十七日に行われた禁足地発掘調査は、『石上神宮宝物誌』によると、正殿・幣殿の新築に際してたまたま行われたもので、「(明治七年の)第一回の如き組織的調査は勿論、発見品目の総量についても全く正確な記録が残されていない」といい、また石上神宮の日誌をみても、禁足地を掘って平らにしたことが記されているだけで、遺物の発見については何ら言及がないという。ちなみに、菅政友は明治六年五月に石上神宮の大宮司に任命され、明治九年十二月に大宮司を依願退職しているので、この調査には直接は関与していない。当時の宮司は池田昇であった。

しかしそれでも『石上神宮宝物誌』は、「少なからぬ発見品があり、親しく目撃した者すら存している」という古老の言葉や、「宝物及貴重品台帳」などから、このときの出土品を推定しているが、それはおもに鏡や玉類であって、刀剣はそのなかに含まれていない。

ところが、『明治二十四年調　官幣社明細帳』所収の「官幣大社石上神宮明細帳」(以下、「神宮明細帳」)には、このときの禁足地発掘の出土品として三振りの刀剣が挙げられており、『古器彙纂《いさん》』(菅政友旧蔵、現茨城大学附属図書館菅文庫所蔵)には、この刀剣三振りの絵図まで収載されている。その三振りの情報をまとめると、次のようになる(それぞれ冒頭に掲げた刀剣の名称は、『石上神宮の七支刀と菅政友』の中で著者の藤井氏が独自に付けたもので、原資料によるものではない）。

①大刀…長さ四尺一寸六分（約百二十五センチ）、先端部の幅一寸一分（約三十三ミリ）。反りのない直刀で、背つまり棟に金象嵌《ぞうがん》の痕跡がある（「背ニ処々金象眼ノ跡」）。その象嵌が銘文か紋様かは定かではないが、もし銘文だとすれば、七支刀に匹敵する貴重な金石文ということになろう。類例としては、奈良県斑鳩町の藤ノ木古墳の石棺内から出土した大刀が挙げられる。五世紀後半〜六世紀後半の儀仗用の倭装大刀と推定される。

②鉄剣…長さ二尺六寸一分（約七十九センチ）、先端部の幅一寸二分（約三十六ミリ）。長剣。四世紀末から六世紀初頭頃のものと推定。

③素環頭大刀…長さ三尺一寸五分（約九十五センチ）、先端部の幅八分（約二十四ミリ）。柄の頭部に装飾のない輪がついたもので、やや内反りが認められ、明治七年に出土した鉄刀と同じタイプのものである。中国からの舶載品であった可能性が高く、仮に舶載品ではなくても、五世紀末以前のものと推定される。

問題は、これらが発掘された場所だが、『石上神宮の七支刀と菅政友』は、明治七年に発掘された禁足地の中央部分の小円丘の後ろ（東西）にあった、二つの小円丘の下であろうと推定している。菅政友が残した禁足地の略図に、逆三角形をなすように三つの小円丘が記されており、中央部分の小円丘は明治七年に徹底的に掘り返され、出土品の見残しなどがあったとは考えにくいからである。

さて気になるのはこの三振りの刀剣の発掘後の消息だが、現在は、御神体ではないものの、フツノミタマとともに本殿に納められており、実見は不可能であるという。

さらに二本の刀剣が出土していた

さらに『石上神宮の七支刀と菅政友』は、明治十一年の調査では、この三振りのほかに、少なくとも次の二振りの刀剣が出土していたはずだとも指摘している。

④富岡鉄斎旧蔵大刀…長さ七十八・四センチ。元来は両刃の鉄剣だったが、後に大刀に改造された。古墳時代のもの。明治十六年、石上神宮は、それまでは「石上神社」と称していたのを正式に「石上神宮」と復号したが、これを機につくられた社号標に画家の富岡鉄斎《とみおかてっさい》（かつて石上神宮の少宮司も務めていた）が揮毫《きごう》したので、その謝礼として石上神宮が鉄斎に贈呈したものとされる。現在は石上神宮が所蔵しており、そのため禁足地出土品として展示されたり、神宮発行の社宝図録に掲載されたりしている。

⑤黒田清隆旧蔵大刀…全長百二センチ。五世紀後半頃につくられた儀仗用の大刀と推定される。ど

のような経緯で明治時代に総理大臣を務めた黒田清隆の手に渡ったかは不明。刀剣研究家・石井昌國氏の論文「七支刀の謎」（『鉄の文化史』一九八四年、所収）に、明治十一年に石上神宮禁足地から発掘された大刀が後に黒田清隆の手に渡ったという旨の記述があることにより、藤井氏はその存在を推定しているが、残念ながら現在の所在は不明であるという。

④⑤の刀剣も、①〜③と同様に、禁足地の東西にあった二つの小円丘の下から出土したと推定されている。

この二振りの刀剣をめぐる情報は、明治十一年の出土品に対しては、神宝や文化財としての認識が足らず、管理が不十分であり、石上神宮関係者が一時的にせよこれらを私有する場合もあったらしいことを示している。ということは、この二振り以外にも、神宮外に流出した出土刀剣が存在する可能性があることになろう。

禁足地の成立は応仁の乱以降か

以上の記述を踏まえれば、石上神宮の禁足地からは、明治七年の出土の鉄刀一振りを含めて、古墳時代にさかのぼりえる刀剣が少なくとも六振り出土していることになる。

このことは何を物語るのだろうか。

菅政友は、明治七年に禁足地の中央部分から出土した鉄刀を、神剣フツノミタマと断定し、御神体とした。だが、同じ禁足地から出土しているからには、明治十一年出土の五振りの刀剣の中にも、フツノミタマが含まれている可能性があるのではないだろうか。

それとも、やはり禁足地の中央の小円丘の地下から掘り出された、明治七年出土の鉄刀こそがやはりフツノミタマであって、後方左右の小円丘から掘り出された他の刀剣はそれとは区別される神宝の類なのだろうか。

それとも、この五振りの刀剣の中には、石上神宮に祀られるもうひとつの神剣であるフツシミタマが含まれているのだろうか。また、江戸時代の『石上振神宮二座』によると、石上神宮の高庭の地底には、中央に主祭神フツノミタマが、その西方(右座)にフルノミタマ(十種の神宝)が、東方(左座)にフツシミタマが仁徳朝までに埋められたとあるが、この記述と関連があるのだろうか。

しかし、先に禁足地の成立年代を五世紀とする説を紹介したが、もし、前記の刀剣が一度にまとめて埋納されたと考えるなら、明治十一年出土の刀剣には六世紀頃と推定されるものが含まれることを考えると、禁足地の成立年代の下限、すなわち石上神宮の創祀も、それにあわせて引き上げる必要も出てくるだろう。そうなると、崇神朝創祀とする石上神宮の古縁起との矛盾がますます広がることになる。

このように、禁足地にある程度まとまった数の刀剣が埋納されていたこと、そしてここに紹介した六振り以外にも禁足地出土刀剣が存在する可能性があることを考慮すると、むしろ、菅政友が推測したように、十五世紀の応仁の乱以降、神宝が冒瀆されることを畏れた神宮が、神庫に収納されていた由緒ある複数の刀剣を地中に故意にまとめて埋めて禁足地とした、という説の方に合理性があるようにも思えてくる。

＊

結局、石上神宮にはいかなる刀剣が祀られ、それはいつ禁足地に埋納されたのか？

謎は尽きないが、確かなことは、古墳時代に由来する「神宝」という形容にふさわしい蒼古たる刀剣が、現在、石上神宮の本殿に奉安されているという事実である。

それは、この神社が、古代、伊勢とならんで「神宮」と称されたことにふさわしい神宝であろう。

それとも、真のフツノミタマは、あるいは、スサノオが大蛇を斬った十握剣は、石上神宮の禁足地の奥深くにいまだ人知れず埋まっているのだろうか――。

第三章

石上神宮の〈十種の神宝〉と出石神社の〈アメノヒボコの神宝〉

記紀のニギハヤヒ伝承と神宝

承前となるが、石上神宮《いそのかみじんぐう》の神宝は刀剣ばかりではない。

いや、この神宮には、ある意味では、神剣フツノミタマ以上に大切で貴重な神宝が祀られている。それが、布留御魂神《ふるのみたまのかみ》とも呼ばれる〈十種《とくさ》の神宝《かんだから》〉である。

〈十種の神宝〉とは何か。

その由来を説明するには、まず記紀に記された初代天皇神武の東征説話にまでさかのぼる必要がある。

九州を発ち、徐々に東遷する神武天皇（カムヤマトイワレビコ）とその一行が、大和に入ろうとしたときのことである。

その頃、畿内はすでにある者によって統治されていた。

しかも、その統治者は、たんなる土着の首長などではなかった。その者——正確に言うと「神」だが——は、神武と同じように天つ神の系譜に連なる者で、それを証明する神宝も有していた。

この、神武天皇に先んじて畿内を統治していた、天つ神のもうひとりの御子の名を、ニギハヤヒ（『古事記』では邇芸速日命、『日本書紀』では饒速日命）という。彼は、大和の土豪ナガスネヒコ（記では登美《とみ》能那賀須泥毘古《のながすねびこ》、紀では長髄彦）の妹（『古事記』では登美夜毘売《とみやびめ》、『日本書紀』では三炊屋媛《みかしきやひめ》）をめとり、畿内に君臨していたのである。前章でも記したように、物部氏の祖神とされる神である。

江戸時代の石上神宮（布留社）。『大和名所図会』（1791年）より。

しかし、ニギハヤヒは神武天皇にじつにあっさりと帰順してしまう。その場面を、まず『古事記』からみてみよう。

はじめ、河内から上陸しようとしたものの、それをナガスネヒコに阻まれた神武一行は、迂回して熊野に上陸、そこから苦戦しながらも勝ち進んでゆく。そして、いよいよ再び大和に入ると、突然、ニギハヤヒが現れる。

> 邇芸速日命が参上して、天つ神の御子（神武天皇）に「天つ神の御子が天降りしたと聞きましたので、その後を追って降って来ました」と申し上げ、そして天《あま》つ瑞《しるし》を献上し、御子にお仕えした。
>
> さて、邇芸速日命が登美能那賀須泥毘古の妹・登美夜毘売を娶ってお生みになった子は、宇麻志麻遅命《うましまじのみこと》。これは物部連《もののべのむらじ》、穂積臣《ほづみのおみ》、婇臣《うねめのおみ》

の先祖である。

ここではまず、ニギハヤヒヤが神武天皇に「天つ瑞」を献上したこと、ニギハヤヒの子ウマシマジ（宇麻志麻遅命。宇摩志麻治命とも書かれる）、が物部氏の遠祖となったことに注目してほしい。

ニギハヤヒの「天つ瑞」「表物」とは

ニギハヤヒが神武天皇に献上した「天つ瑞」とは何か。

『古事記』はその具体的な内容については沈黙し、ニギハヤヒもこの場面以外には登場しない。『日本書紀』では、同じ場面がやや詳しく叙述されているが、ここでは、『古事記』の「天つ瑞」にあたるものが「表物《しるしもの》」と呼ばれ、しかもそれは「天羽々矢《あまのははや》一つと歩靫《かちゆき》」だったと明記されている（ただし、ニギハヤヒがそれを神武に献上するのではなく、ナガスネヒコがニギハヤヒの持っていた表物を神武にみせる、という筋立てになっている）。

天羽々矢とは蛇の呪力をもった矢（ハハは古語で蛇の意）、歩靫とは弓を射る際に用いる胡簶《やなぐい》（矢の入れ物）のことである。靫は古代には魔除けの力があるとされていたという。したがって、この二つはある種の呪具といえるだろう。

しかし、『日本書紀』もニギハヤヒについて触れるのはこの程度で、しかも、「表物」は、天皇にみせられただけで、献上されたとまでは書かれていない。

『先代旧事本紀』の長大なニギハヤヒ伝承

ところが、記紀とは対照的に、ニギハヤヒや、彼が携えていた「天つ瑞」について、じつに驚嘆するほどに事細かに記した古文献がある。それが、これまでにも再三触れた『先代旧事本紀』である。

『先代旧事本紀』では、ニギハヤヒ伝承は、巻第三「天神本紀」と巻第五「天孫本紀」にみえる。引用していると非常に長くなるので、かいつまんで要点を列挙してみよう。なお、ニギハヤヒは、『先代旧事本紀』では正式には「天照国照彦天火明櫛玉饒速日尊《あまてるくにてるひこあまのほあかりのくしたまにぎはやひのみこと》」と呼ばれている。

①アマテラスは、豊葦原《とよあしはら》の千秋長五百秋長《ちあきながいおあきなが》の瑞穂《みずほ》の国（日本）を我が子天押穂耳尊《あめのおしほみみのみこと》に治めさせるべく、彼を天降りさせようとした。ところがちょうどそのとき、天押穂耳尊と高皇産霊尊《たかみむすひのみこと》の娘・栲《たく》幡千千姫命《はたちぢひめのみこと》との間にニギハヤヒが誕生した。そのため、天押穂耳尊は自分の代わりに我が子ニギハヤヒを天降りさせたいと願い、アマテラスはこれを許した。

②天神《あまつかみ》の御祖《みおや》（アマテラスのことか）は、天降りするニギハヤヒに天璽瑞宝十種《あまつしるしのみずのたからとくさ》（天孫の璽である十種の神宝）を授けた。それは瀛都鏡《おきつかがみ》・辺都鏡《へつかがみ》・八握剣《やつかのつるぎ》・生玉《いくたま》・死返玉《まかるかえしのたま》・足玉《たるたま》・道返玉《ちがえしのたま》・蛇比礼《へみのひれ》・蜂比《はちのひ》

礼《れ》・品物比礼《くさぐさのもののひれ》の十種である。

③天璽瑞宝十種を授ける際、天神の御祖は、ニギハヤヒにこう教えた。

「もし痛いところがあるならば、この十種の神宝を『一二三四五六七八九十《ひとふたみよいつむななやここのたり》』と唱えながら揺り動かしなさい、ゆらゆらと揺り動かしなさい。そうすれば死人も生き返るでしょう」

この言葉が呪詞「布留の言《こと》」の起源となった。

④ニギハヤヒは、三十二人の武将、二十五部の物部（軍隊）など、その他多くの従者とともに天降った。

⑤ニギハヤヒは天磐船《あまのいわふね》に乗って、はじめに河内国河上の哮峰《いかるがのみね》に天降り、つぎに大和国鳥見《とみ》の白庭山《しらにわのやま》に遷った。

⑥ニギハヤヒはナガスネヒコの妹ミカシキヤヒメを娶って妻とし、ウマシマジ（宇摩志摩治命）が生まれた。しかし、ウマシマジが生まれる前にニギハヤヒは亡くなった。

⑦ニギハヤヒは妻ミカシキヤヒメの夢の中に現れ、「お前の子は、私の形見と思いなさい」と言って天璽瑞宝を授けた。

⑧天押穂耳尊と栲幡千千姫命との間に、ニギハヤヒの弟として瓊瓊杵尊《ににぎのみこと》が生まれた。

⑨ニギハヤヒの子ウマシマジは、瓊瓊杵尊の子孫である神武天皇が東征してくると、母方の伯父ナガスネヒコを殺し、神武天皇に帰順した。神武天皇はこれを誉め、ウマシマジに神剣フツノミタマを授けた。これに対してウマシマジは、ニギハヤヒが天神の御祖から授かった天璽瑞宝十種を

神武に献上した。
⑩神武天皇が橿原宮《かしはらのみや》で即位して初代天皇となると、ウマシマジは今木をフツヌシの剣（フツノミタマ）に刺しめぐらして大神（フツノミタマのことか）を宮中に奉斎し、また、天璽瑞宝を納めて天皇のために鎮祭した（つまり、宮中に天璽瑞宝十種を祀った）。
⑪神武天皇元年の十一月十五日、ウマシマジは初めて瑞宝を奉斎し、天皇・皇后のために御鎮祭《みたましずめのまつり》（鎮魂祭）を行って、長寿と幸福を祈った。すると神武天皇はウマシマジに、天璽瑞宝を用いて、毎年仲冬（陰暦十一月）の中の寅日に御鎮祭を行うように命じた。
⑫崇神天皇の御世、ウマシマジの子孫・伊香色雄命《いかがしこおのみこと》が、フツノミタマを大和国山辺郡《やまのべ》石上邑《いそのかみのむら》に遷し、天璽瑞宝もこれと一緒に納めて祀り、これを石上大神《いそのかみのおおかみ》と名づけた（石上神宮の創祀）。

「天つ瑞」の神宝」の正体とは

言うまでもないだろうが、『古事記』においてニギハヤヒが神武天皇に献上した「天つ瑞」の正体が、ここに明らかにされている。それは、『先代旧事本紀』では天璽瑞宝十種と呼ばれ、瀛都鏡・辺都鏡・八握剣・生玉・死返玉・足玉・道返玉・蛇比礼・蜂比礼・品物比礼からなる。そして、これらは崇神朝に石上の地に祀られたという。

すなわち、天からニギハヤヒに授けられ、その子ウマシマジを介して神武天皇に献上された天璽瑞宝十種（天璽瑞宝、瑞宝）こそが、石上神宮の〈十種の神宝〉なのである。

それにしても「瀛都鏡・辺都鏡・八握剣・生玉・死返玉・足玉・道返玉・蛇比礼・蜂比礼・品物比礼」とは、具体的にどんな形状をもつものなのだろうか。これらの神宝は、後述するように、現在、実物を確認することができない。しかし、その形姿はある程度想像でき、少なくとも、その名称から鏡・剣・玉・比礼の四つに分類することができる。

これらのうち、鏡・剣・玉は、古代日本にはおなじみの神宝トリオであり、古墳の副葬品として多くみられ、また皇室に伝承される「三種の神器」と同じ構成だ。

比礼は、現代人にはなじみがないだろうが、薄く細長い布のことで、古代には、これを振ると呪力が生じると信じられていた。

ところで、『先代旧事本紀』のニギハヤヒ伝承で注目したいのは、この神が、天孫瓊瓊杵尊の兄とされている点だ（⑧）。

周知のように、記紀神話で、瓊瓊杵尊が高天原から高千穂に降臨する際、アマテラスから授けられるのが、八坂瓊曲玉・草薙剣・八咫鏡からなる「三種の神器」で、これは天孫であることの御璽《みしるし》であり、後には皇位のレガリア、シンボルとなった。しかし『先代旧事本紀』にもとづけば、ニギハヤヒは、瓊瓊杵尊に先んじて、天つ神から天孫の御璽となる神宝を授かっている。

となると、見方によっては、〈十種の神宝〉は、三種の神器に匹敵する、あるいはそれ以上の価値をもつ神宝ということになるのではないか。

鎮魂祭の呪具に用いられた〈十種の神宝〉

次に注目したいのは〈十種の神宝〉の用途だ。たんに殿内に貴重な神宝として安置されるだけのものではなかった。〈十種の神宝〉は、三種の神器などと違って、明確な用途があった。

そのことも『先代旧事本紀』に明記されている。それは、先に記したなかでは③にあたる箇所だ。これは〈十種の神宝〉を理解するうえで非常に重要な箇所なので、原文を一部付記して、もう一度記させていただこう。

③天璽瑞宝十種を授ける際、天神の御祖は、ニギハヤヒにこう教えた。

「もし痛いところがあるならば、この十種の神宝を『一《ひと》二《ふた》三《み》四《よ》五《いつ》六《む》七《なな》八《や》九《ここの》十《たり》』と唱えながら揺り動かしなさい、ゆらゆらと揺り動かしなさい。そうすれば死人も生き返るでしょう」（若し痛む処あらば、この十宝をして一《ひと》二《ふた》三《み》四《よ》五《いつ》六《む》七《なな》八《や》九《ここの》十《たり》と謂ひて、布留部《ふるへ》、由良由良止布留部《ゆらゆらとふるへ》、かくのごとくこれをすれば、死人は返りて生きむ）

この言葉が呪詞「布留の言《こと》」の起源となった。

〈十種の神宝〉を、呪文を唱えながら揺り動かせば、傷が治るどころか、死者が蘇生するというのである。これは神宝を霊魂になぞらえて、霊魂を活性化させようとする古代呪術、すなわち鎮魂法の所作を表現したものであり、神宝を振り動かすことは、シャーマニックな所作を彷彿させる。そして後世石上神宮では、この天神の御祖の台詞そのもの（「若し痛む処あらば、この十宝をして一《ひと》二《ふた》三《み》四《よ》五《いつ》六《む》七《なな》八《や》九《ここの》十《たり》と謂ひて、布留部《ふるへ》、由良由良止布留部《ゆらゆらとふるへ》、かくのごとくこれをすれば、死人は返りて生きむ」）が呪詞とみなされ、鎮魂法の実践の際に唱えられている（若干、文言の違いがみられるが）。

つまり、〈十種の神宝〉は、死者をもよみがえらせることができる呪術である鎮魂法で用いられる呪具として、天神からニギハヤヒに授けられたのである。また、神宝を「振り動かす」こと、すなわち「振る」が、布留御魂神の布留や、地名の布留と結びつけられ、さらに鎮魂すなわちタマフリのフリにも通じている（第二章57ページ参照）。本書では、こうした〈十種の神宝〉を用いた振動的な所作を伴う鎮魂法を、仮に「ニギハヤヒ系鎮魂法」と名づけることにしたい。

そして⑪に挙げたように、〈十種の神宝〉を用いるニギハヤヒ系鎮魂法は、ニギハヤヒの息子であるウマシマジによって神武天皇に向けてはじめて行われ、以後、宮中で毎年十一月（旧暦の冬至頃）に行われるのが恒例となったとされ、これが天皇の健康と長寿を祈念する宮中鎮魂祭のひとつのルーツということになっている。

宮中鎮魂祭の実際とは

ただし、正史の上で、宮中の鎮魂法実修（宮中鎮魂祭）の記事の初見とされているのは、『日本書紀』天武《てんむ》天皇十四年（六八五）十一月二十四日条である。

是の日に、天皇の為《おほみため》に招魂《みたまふり》しき。

もっとも、これは、前後の記事の関係から天武天皇の病気平癒祈願のために臨時に行われたものと推定され、毎年恒例の制度的な宮中鎮魂祭とは異なるものであったと考えられている（新谷尚紀『伊勢神宮と出雲大社』）。宮中祭祀において鎮魂祭が制度化されたことが明確にわかるのは、さらに時代が下って、神祇祭祀の規定を盛り込んだ律令制度の整備が進んだ、天武の孫の文武《もんむ》天皇（在位六九七〜七〇七年）の時代からである。

しかし、この時代の鎮魂祭の実際がどのようなものであったのか、〈十種の神宝〉もしくはそれに類する神宝が祭儀に用いられていたのか、といったことは不明である。

宮中鎮魂祭の祭儀の詳細がわかる最古の史料は、平安時代前期にあたる、貞観《じょうがん》年間（八五九〜七七年）に成立したとみられる『貞観儀式』だ。

同書の鎮魂祭に関する記述を要約すると、祭場は宮内省で、ここに神座を設け、大臣以下が参

アマテラスを外に招きだそうと、天岩屋戸の前で桶に乗り、神がかり状態になって踊る天宇受売命。『鮮斎永濯画譜』(1884年)より。

入。堂上に神宝が置かれ、さらに天皇の衣服(御衣《みそ》)を納めた匣《はこ》が内侍《ないし》によって運び入れられる。続いて、神祇官の御巫《みかんなぎ》が宇気槽《うけふね》を伏せてその上に立ち、桙をもって槽を十回突く。宇気槽とは箱状のもので、この上に女官が乗って桙でそれを突く所作をするというのは、神がかりした天宇受売命《あめのうずめのみこと》が桶に乗って乱舞したという天岩屋戸伝説をモチーフとしたものだ、とする説がある。

この宇気槽の儀では、槽を突くごとに神祇伯(神祇官の長官)が木綿《ゆう》を結び、葛箱に納め、終わると女官たちが舞う。「木綿結び」は、遊離しようとする魂を肉体にしっかりと結びつけて心身を活性化させようとする、一種の呪術であると考えられる。本書では、このような宇気槽の儀をメインとする鎮魂法を、ニギハヤヒ系鎮魂法に対して、「アメノウズメ系鎮魂法」と呼ぶことにしたい。

平安時代の宮中鎮魂祭に〈十種の神宝〉は見出せない

ご覧のように、このアメノウズメ系鎮魂法の祭儀には、「神宝」は出て来るが、『先代旧事本紀』が記すような、「一《ひと》二《ふた》三《み》四《よ》五《いつ》六《む》七《なな》八《や》九《ここの》十《たり》……」と呪文を唱えたり、神宝を振り動かしたりするような作法は確認できない。また、史料には、安置された「神宝」が、〈十種の神宝〉なのか、〈十種の神宝〉に関連をもつものなのかどうかについても言及が全くない。はっきり言ってしまえば、この『貞観儀式』の鎮魂祭の記述からは、「天皇の霊魂を活性化させる」という祭儀の趣旨を除けば、『先代旧事本紀』が記すような、「神宝を振動させる」式のニギハヤヒ系鎮魂祭儀の面影を読み取ることは、ほぼ不可能であろう。

ところが、十世紀後半の成立とみられる儀式書『清涼記《せいりょうき》』(『政事要略』所引)になると、注目すべき記述がみえる。同書によれば、宮中の鎮魂祭において、宇気槽の儀の間に、「蔵人《くろうど》、御服箱を開け、振り動かす」ことが行われたという。これは、女官が御衣を納めた筥《はこ》の蓋を開け、神前でそれを振り動かす「御衣振動」の儀を指していると思われる。この御衣振動は、ある意味では、呪文を唱えて〈十種の神宝〉を振り動かして霊魂を活性化させる神事を簡略化させたものと考えることができる。つまり、「御衣」が〈十種の神宝〉の代用を務め、さらに天皇の霊魂の形代《かたしろ》の役を担っていると、考えられるのである。

平安時代後期の天永二年(一一一一)頃の成立とされる『江家次第《ごうけしだい》』は、鎮魂祭について詳しく記しているが、この書にも御衣振動の儀のことが明記されている。その一方で、興味深いことに、もはや祭儀の式次第において、「神宝」が一切登場しない。この頃には、宮中鎮魂祭は、とくだん「神宝」の奉安・奉納を伴わない、宇気槽の儀と御衣振動の儀の二つを核とする神事として定着していったようである。

このように平安時代の宮中鎮魂祭において、〈十種の神宝〉の痕跡を見出すことは難しい。少なくとも、宮中に〈十種の神宝〉が伝世されたことを示す記録はないといっていい。また、『先代旧事本紀』は宮中鎮魂祭は神武天皇の時代にはじまったと記すが、史料上は天武朝をさかのぼり得ないことを考えると、この祭祀の歴史は意外にかなり新しいのではないか、という疑問も生じる。ちなみに、『先代旧事本紀』そのものの成立年代は九世紀後半が有力視されている。

なお、宮中鎮魂祭は中世には途絶えたが、明治時代以後には正式に復興され、現在も毎年十一月の新嘗祭《にいなめさい》の前日に皇居の宮中三殿で執り行われている。

昭和天皇の侍従を長く務め、昭和四十三年(一九六八)から十年間は掌典長《しょうてんちょう》(宮中祭祀を執り行う神職の長)も務めた永積寅彦の回想録によれば、宮中鎮魂祭は「糸結びの儀」と「御衣振動の儀」の二つの儀式を中心に行われていたという(『昭和天皇と私』)。

つまり、平安時代に淵源する「木綿結び」と「御衣振動」の神事の伝統が、今も保たれていることになる。

〈十種の神宝〉は石上神宮に現存するのか

では、〈十種の神宝〉の実物は、どこに存在しているのだろうか。

先述したように、『先代旧事本紀』によれば、〈十種の神宝〉は崇神朝に宮中から石上神宮に遷し祀られたという⑫。したがって、もしそれが御神体のような扱いを受けて石上神宮に丁重に祀られつづけたのであれば、今も石上神宮のどこかにあるはずである。

だがしかし、現在の石上神宮の本殿にも神庫にも、〈十種の神宝〉と伝えられる宝物は存在しない。祭神としての布留御魂神は、あくまでも「〈十種の神宝〉の神霊」というニュアンスである。

石上神宮では、毎年十一月二十二日、宮中鎮魂祭を祖型とすると思われる鎮魂祭が行われ、この秘祭の折には、神前に〈十種の神宝〉が奉納される。しかし、このとき奉納される〈十種の神宝〉は、正確にいうと「十代物袋《としろものぶくろ》」と呼ばれるものだ。十代物袋とは、五角形の紙を貼り合わせたもので、表には「振御玉神」と記され、中には〈十種の神宝〉の図形を描いた紙が納められている。つまり、〈十種の神宝〉の実物がないので、その図形を描いた紙で代用している、ということになる。

その図形は『十種神宝秘伝記』などの江戸時代の文献にみることができるが、神秘的な紋様、あるいは記号のようなもので、鏡・剣・玉・比礼の具体的なイメージからはほど遠い。これは、〈十

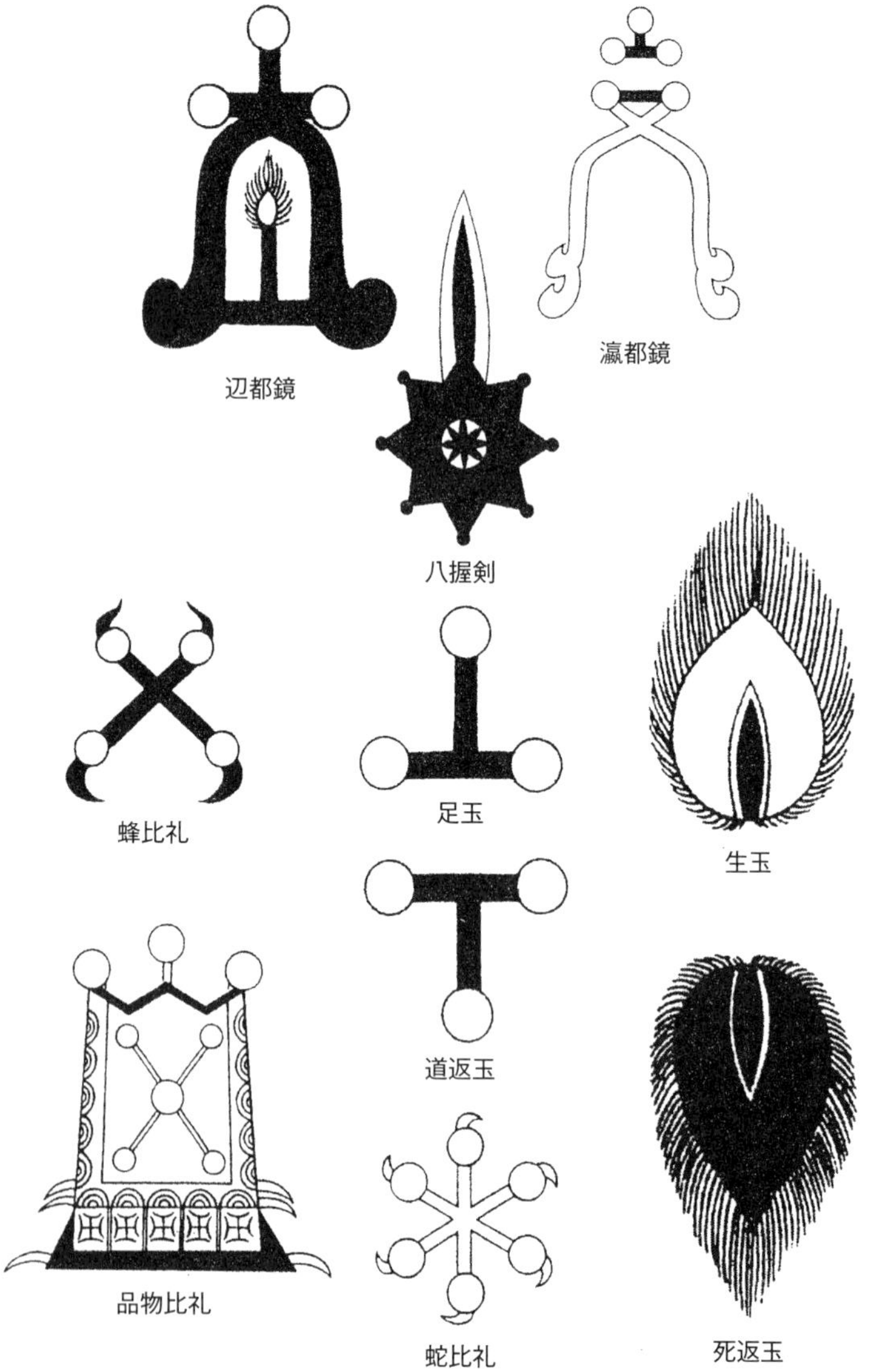

〈十種の神宝〉の図。江戸時代中期の真言僧・慈雲飲光が唱えた雲伝神道に所伝した『十種神宝』より。

種の神宝〉の現実の姿形を表現しているのではなく、〈十種の神宝〉の神秘性を表現するための符牒のようなものではないか。――みていると、そんな風にも思えてくる。

また、石上神宮の鎮魂祭が、はたして古代以来連綿と行われてきたものなのかというと、じつは大きな疑問が残る。文献上で、石上神宮で鎮魂祭が行われていたことが確実にわかるのは、宝永元年（一七〇四）の奥書をもつ『物部氏口伝抄』が最古だからである。それ以前の元禄十二年（一六九九）の奥書をもつ『石上大明神縁起』には「当神宮年中行事」として当時の年間祭祀が記されているが、その中に鎮魂祭の文字はない。もちろん記紀や『先代旧事本紀』にも、石上神宮において鎮魂法が修されたことを記す箇所はない。

唯一例外といえるのは、前章でも触れた『日本後紀《こうき》』桓武天皇の延暦二十四年（八〇五）二月十日条の「彼の女巫《じょふ》を召して、御魂《みたま》を鎮めしむ」である（82ページ参照）。石上神宮の神宝（兵仗）を山城国葛野《かどの》に遷し運んだところ、不吉な神異が続いたので、石上神宮の社前で巫女によって鎮魂の祭儀が行われ、神託が請われた、というくだりである。

しかしこの場面には〈十種の神宝〉に関する言及はなく、またこの巫女は文脈からすると、石上神宮に属する人物ではなく、平城京から呼び寄せられたと思われる。そしてその鎮魂祭儀の目的は、天皇の霊魂を活性化することではなく、巫女が神がかりして石上神宮の神を呼び寄せてその神意を得ようというものであり、もちろん恒例行事ではなく臨時のものであった。つまり、延暦二十四年の鎮魂祭は、石上神宮に本来的なものではなく、神託を得るためのシャーマニズム的な降神術であり、ニギハヤヒ系ではなくアメノウズメ系の鎮魂法であったと考えられるのだ。

　こうしたことからすると、石上神宮の鎮魂祭のルーツについては、「『先代旧事本紀』の〈十種の神宝〉伝承を典拠として、衰微していた石上神宮の立て直しの一環として、江戸時代のある時期から、由緒ある宮中鎮魂祭をモデルとした鎮魂祭を始修した」――という経緯を想定することも可能になってこよう。

〈十種の神宝〉はどこに安置されていたのか

　こうなってくると、〈十種の神宝〉の行方については、答えとして次の三つが想定できよう。

　ひとつは、「現在の本殿や神庫にはないが、境内のどこかに今も人知れず現存している」。

　二つ目は、「〈十種の神宝〉は、過去のある時期に石上神宮から盗まれてしまった」。

　そして三つ目は、「『先代旧事本紀』の伝承は史実ではなく、〈十種の神宝〉ははじめから存在しなかった」というものだ。

　まずは、ひとつ目の「今もどこかに現存する」説から検証してみよう。

　仮に〈十種の神宝〉が崇神朝に石上神宮に遷し祀られたとしたら、それは当初、どこに安置されただろうか。

　神社で、御神体を安置する場所は、もちろん本殿である。したがって、もし石上神宮に本殿があれば、御神体にふさわしい価値をもつ〈十種の神宝〉は、そこに安置されたはずである。ところが、前章で記したように、石上神宮は古来、本殿をもたず、拝殿から禁足地を拝するという形をとり、大正年間になってようやく本殿が建設された。もっとも創祀以来、一貫してそうであったかどうかは、とくに古代・中世の史料がないので、不明だが、とにかく現在の本殿に〈十種の神宝〉がないのは明らかである。

そうなると、次に候補に上がるのは、「禁足地」である。禁足地に〈十種の神宝〉が埋納された可能性はないのだろうか。

石上神宮では境内の禁足地に神剣フツノミタマが埋納されているという伝承があり、明治に入って発掘調査が行われ、素環頭大刀が発掘されて、これが菅政友によって「フツノミタマ」と断定されたことは、前章で記した通りである。

このときの出土品を詳しくみてみると、「フツノミタマ」以外にも多数の宝物類が掘り出されている。

たとえば、明治七年（一八七四）の発掘では、古墳時代のものと思われる勾玉・管玉《くだたま》が数百個出土し、また明治十一年の発掘でもやはり古墳時代のものと思われる刀剣が複数出土している。これらを〈十種の神宝〉のうちの「生玉・死返玉・足玉・道返玉」や「八握剣」にあたるものの一部と考えることはできないのだろうか（明治十一年の発掘では鏡も出土しているが、それは様式からして明らかに平安時代以降のものである）。

しかし、少なくとも政友はこれらの宝物類を〈十種の神宝〉と結びつけて考えることはしなかったようである。

ただし、「〈十種の神宝〉を禁足地に埋納した」と記す文献はある。

前章でも紹介した、十七世紀末頃の成立とみられる『石上振神宮二座』である。

該当する箇所を現代語訳してみよう。

> （崇神天皇の時代に）石上邑の地底に磐石によって境をつくり、地下に石窟をつくった。その東方を左座として布都御魂横刀（フツノミタマ）を、西方を右座として天璽瑞宝十種（十種の神宝）をともに収め、その上に高く地を築いた。そこを高庭の地という。白河上皇の御世に、年代は詳らかではないが、勅があり、高庭の前に拝殿を建てた。今の神殿がこれである。
>
> 高庭の地は神器の上にあたり、磐座《いわくら》をもうけ、神籬《ひもろぎ》を建て、建布都大神《たけふつのおおかみ》・布留御魂神を拝み祭った。建布都大神を以て東座に奉斎して第一となし、布留御魂神を西座に奉斎して第二となした。これを霊時《れいじ》といい、神殿はなく、東を上位とする所以は、わが国において左を尊ぶ故である。

つまり、境内の地面を掘って地中に石窟をつくり、そこに〈十種の神宝〉をフツノミタマとともに埋め、土を盛って「高庭」としたという。この高庭こそが、現在の「禁足地」であろう。なお、「（白河院の時代に）高庭の前に拝殿を建てた。今の神殿がこれである」とあるが、ここでいう「神殿」とは、いわゆる本殿のことではなく、やはり現在は「拝殿」と呼ばれている建物のことであろう。この建物は、永保元年（一〇八一）に、白河天皇の寄進によって、宮中の神嘉殿《しんかでん》を移建したものと伝えられている。

そして、前章でも触れたが、同書によれば、仁徳天皇の時代になって、地底のフツノミタマの左側（東方）に、フツシミタマ（天羽々斬《あめのはばきり》、十握剣《とつかのつるぎ》）が加えて納められ、石上神宮の祭神は三座になったという。

『石上振神宮二座』は江戸時代の成立であり、ここに記された埋納伝承がはたして史実かどうか、確かめる術はない。だが、「〈十種の神宝〉が禁足地に埋められている」という伝承が江戸時代には存したことは、確かである。

したがって、禁足地からの出土品の中に〈十種の神宝〉が含まれていること、あるいは掘り返されたことのない禁足地のどこかにいまだ〈十種の神宝〉が眠っていることは、可能性としては残ることになろう。

しかし、ここで改めて疑問も生じる。〈十種の神宝〉が、鎮魂法の実修で呪具として用いられるものであるとするならば、創祀当初から地底深くに埋めてしまっては早々に実用に処せなくなってしまうのではないか。この埋納伝承には〈十種の神宝〉の本来の用途に照らし合わせると矛盾があり、史実としては考えにくいのではないか。

ただし、当初はしかるべき施設のなかで奉安されていたが、ある時代から禁足地に埋納された――という可能性は排除できない。菅政友がフツノミタマが禁足地に埋められた理由について推測したように、中世、石上神宮が荒廃し、盗賊に襲われるようになったため、神宝の喪失を恐れて地中深くに埋められたという想定は、決して不可能ではないと思われるからだ。

「神庫に納められたが、盗難にあった」の可能性は

では、〈十種の神宝〉が当初、しかるべき施設に奉安されていたとして、その「しかるべき施設」について、どんなものが考えられるだろうか。つまり、石上神宮において、禁足地以外に、〈十種の神宝〉が納められた可能性をもつ場所はあるだろうか。

そう考えて浮かび上がるのは、神庫である。

数多の神宝、刀剣が保管された宝物庫であったとされる神庫は、石上神宮においては実質的には本殿に等しい役割を担っており、すでに『日本書紀』にも「天の神庫」として言及があり（垂仁《すいにん》天皇八十七年二月五日条）、かなり大きな高床式のものであったと推定される。石上神宮が朝廷の宝物庫としての役割を課せられていたことを思えば、創祀期から建てられていても不思議ではない。江戸時代には、拝殿の西隣、禁足地の手前に建っていた（明治末年に、現在地の禁足地南西に移建）。平安時代中期に編纂された『延喜式』「臨時祭」には石上神宮について「正殿☒《ならび》に伴《とも》・佐伯《さえき》の二殿」

と言及があり、したがって、かつては神庫が二つ存在し、拝殿（『延喜式』にいう「正殿」のことか）の東側にも神庫が建っていたと推測される。

また、江戸時代には、この神庫に七支刀《しちしとう》が錦袋に覆われて納められていたが、その頃の七支刀は、禁足地に埋められた神剣を模作したものと考えられて「十握御剣」「十握宝剣」などと呼ばれ、実見は許されず、なかば御神体としてここに奉安されていた（藤井稔『石上神宮の七支刀と菅政友』）。このことからも、石上神宮において、神庫が本殿に等しい役割を担っていたことが伺える。そうなると、〈十種の神宝〉が神庫に奉安されていた可能性も充分考えられることになろう。

実際、そのことをほのめかす史料もある。

寛永十一年（一六三四）に石上神宮の社僧と思われる人物が記した『石上布留神宮要録』には、「宝蔵」に「韴霊剣《ふつのみたま》、十種瑞宝、赤花之伴《あかはなのとも》、八尺瓊勾玉」がそれぞれ一つの櫃《ひつ》に納められて奉られている、と記している。ただし、「右の神宝、未だ外見をゆるされず」ともあるので、それぞれの櫃を開けて、中身を確認するようなことが行われていたわけではないようだ。なお、「赤花之伴」とは、垂仁天皇三十九年十月に石上神宮に収められたという「剣一千口」の異名「裸伴《あかはだがとも》」を指しているのだろう（『日本書紀』）

神職間の言い伝えにも、興味深いものがある。

幕末の弘化《こうか》四年（一八四七）に書かれた『神剣考』（『石上布留社神剣考』、天理図書館蔵）という文書がある。著書は履歴不明の上田忱という人物だが、『石上神宮の七支刀と菅政友』の引用によると、「祠人相伝」（石上神宮の神職の言い伝え）に、「神庫の韓櫃《からびつ》の中に十種瑞宝があるはずであったが、実際に開けてみると、一物もなく空であった」というものがあったという。

もし神庫の韓櫃に〈十種の神宝〉が納められていたという幕末期の神職間の言い伝えが事実であったとするならば、「空の韓櫃」は、〈十種の神宝〉が盗難に遭った可能性を示唆していることになる。

つまり、これは二つ目として挙げた「〈十種の神宝〉盗難説」と結びつく。

ちなみに、嘉永三年（一八五〇）九月から十一月にかけて、石上神宮に四度も盗賊が入り、禁足地からは管玉が盗掘され、神庫からは多くの刀身が盗まれるという事件が起きている。したがって、仮に〈十種の神宝〉が禁足地に埋められていたとしても、それが盗賊によって掘り返され、奪われていた可能性も考えられることになる。

そのようなわけで、ここまでの検証を整理すると、〈十種の神宝〉の所在については、次のようなケースが考えられることになろう。

「かつては神庫に奉安されていたが、ある時期に神庫が盗難に遭い、失われてしまった」

「ある時期に盗難を恐れて禁足地に埋納されたが、その後、盗賊に掘り返され、盗難に遭った」

「ある時期に盗難を恐れて禁足地に埋納された。明治期に出土した玉類はその一部であり、今も禁足地の地中に残りが埋まっている」

記紀にみえるアメノヒボコ〈八種の神宝〉伝承

三つ目の説として挙げた「〈十種の神宝〉はじめから存在しなかった」は、はたして成り立つだろうか。

筆者があえてこの説にこだわるのは、〈十種の神宝〉伝承は『先代旧事本紀』があくまで初出であり、『古事記』や『日本書紀』は、ニギハヤヒが天つ神から神宝を授かったことは記すものの、〈十種の神宝〉やそれを呪具として用いる鎮魂法については何ら言及し〉ていないからである。

しかし、記紀は、〈十種の神宝〉と非常によく似た神宝群についてはくわしく言及している。それは何かというと、〈アメノヒボコの神宝〉である。

そこで、記紀に記されている〈アメノヒボコの神宝〉伝承をひとまず概観してみることにしよう。

アメノヒボコ（天之日矛、天日槍）とは朝鮮半島の新羅《しらぎ》から渡来したとされる伝説的な人物で、『古事記』では応神《おうじん》天皇の段に、『日本書紀』では垂仁天皇三年三月条に、それぞれ類似した伝承が記されている。ただし、『古事記』は「今（応神朝）より昔のこと」として記述しているので、時代としては『日本書紀』の垂仁朝が基準になると考えられる。

以下は、その『古事記』のアメノヒボコ伝承の概略である。

新羅の阿具沼《あぐぬま》のほとりで昼寝をしていた女の陰部に太陽の光が射し、やがて女は身ごもって赤玉を産んだ。その後、赤玉は新羅の王子・天之日矛の手に渡るが、床に置いておくと、美しい女性に変じた。天之日矛は彼女を妻とするが、心がおごって彼女を罵ると、女は「祖先の国へ行く」と言って船に乗り、日本の難波《なにわ》に渡来した。彼女は、のちに難波の比売碁曾《ひめこそ》神社に阿《あ》加流比売神《かるひめのかみ》として祀られた。

天之日矛も後を追って難波に入ろうとするが、「渡りの神」に妨げられ、やむなく迂回して但馬《たじま》国(兵庫県)に入り、その地で別の女性を妻に娶り、子孫をもうけた。この子孫の末裔にあたるのが神功皇后(息長帯比売命《おきながたらしひめのみこと》)である。

このとき、天之日矛は、「玉《たま》つ宝《たから》」(貴くめでたい宝の意)として、珠二貫《たまふたつら》・浪振る比礼《ひれ》・浪切る比礼・風振る比礼・風切る比礼・奥《おき》つ鏡・辺《へ》つ鏡の八つを携えて来ていたが、それは「出石八《いずしのや》前大神《まえのおおかみ》」として祀られた(出石神社の創祀)。

ここで注目したいのは、アメノヒボコが新羅から日本の但馬に将来し、神として祀られたという八種の「玉つ宝」、すなわち〈八種の神宝〉である。

その内訳は、『古事記』では、今記したように、珠二貫・浪振る比礼・浪切る比礼・風振る比礼・風切る比礼・奥つ鏡・辺つ鏡だが、じつは『日本書紀』ではこれとはやや異なっていて、「羽太《はふと》の玉《たま》一箇《ひとつ》・足高《あしたか》の玉一箇・鵜鹿鹿《うかか》の赤石《あかし》の玉一箇・出石の小刀《かたな》一口《ひとつ》・出石の桙《ほこ》一枝《ひとつ》・日鏡《ひのかがみ》一面《ひとつ》・熊の神籬《ひもろぎ》一具《ひとそなえ》」の合わせて七つとなっている。ただし、「一《ある》に云《い》はく」とする本文に付随する異伝では、「羽

アメノヒボコと〈八種の神宝〉を祀る出石神社。

太の玉」が「葉細の珠《はほそ》」に代わっているほか、「但《い》狭浅《ささ》の大刀《たち》」が加わって八つとなっている。また、この異伝では、アメノヒボコの渡来ルートが具体的に記されていて、これによると、まず船で瀬戸内海を通って播磨国宍粟邑《しさわのむら》に入り、その後菟道河《うじがわ》(宇治川)をさかのぼって近江に向かい、さらに若狭を経て但馬に入っている。

そして、これらの神宝が但馬国の出石の地に祀られたとするが、これを創祀縁起とするのが兵庫県豊岡市出石町に鎮座する出石神社で、『延喜式神《えんぎしきじん》名帳《みょうちょう》』に「出豆志坐《いずしにます》神社八座」としてみえるこの神社は、アメノヒボコが将来した八種の神宝の神霊を祭神として祀っている。ここは、今はあまり交通の便がよくない小さな町だが、出石川沿いに開けた盆地であり、神社の境内からは縄文・弥生時代以来の石器・土器が発見されており、神社一帯ははやくから人が住み着いた土地であったようだ。

呪具としての〈アメノヒボコの神宝〉

これらアメノヒボコが持ち来たったとされる神宝は具体的にどのようなものと考えられるのだろうか。日本と朝鮮の古代史を研究した三品彰英はこれを〈十種の神宝〉と同じく呪具の一種とみなし、さらに三つに分類して概説しているので（『増補・日鮮神話伝説の研究』）、これに依拠しながら概観してみたい。

①日神の呪具…三品は、伝説的人物であるアメノヒボコを新羅から渡来して但馬に住み着いた一族が奉祀した祖神と解し、さらにアメノヒボコを、太陽神を招き入れる呪的儀礼に依《よ》り代《しろ》として用いられる呪具としての矛を擬人化したものと考えた。つまり、アメノヒボコ自体を神宝のひとつ（あるいは筆頭）ととらえ、これを「日神の呪具」に分類している。

さらに、『日本書紀』にみえる日鏡、出石の桙、出石の小刀、但狭浅の大刀も、太陽神の迎神儀礼の呪具としている。なお、但狭浅の大刀の「但狭浅」については、『延喜式神名帳』の播磨国賀古《かこ》郡条に日岡坐天伊佐佐比古《ひのおかにますあめのいささひこ》神社（兵庫県加古川市加古川町の日岡《ひおか》神社）があることから、地名の「伊佐佐」とみるのが通説である。

②水の呪具…浪振る比礼、浪切る比礼、風振る比礼、風切る比礼、奥つ鏡、辺つ鏡（以上、『古事記』）。

比礼は先述したように、薄く細長い布のことだが、三品によれば、これは、打ち振ることによって浪や風を思いのままに操ることのできる呪具であるという。

次に、奥つ鏡、辺つ鏡は、奥は沖に、辺は海辺に通じることから、海神にかかわる神宝と解することができるという。

考古学者の森浩一は奥つ鏡は沖の航海の、辺つ鏡は海辺を通る際の、船乗りたちの呪具であろうと指摘している（『記紀の考古学』）。アメノヒボコのアメが「天」だけでなく「海」の意味をもつことも示唆的である。ちなみに、『古語拾遺《こごしゅうい》』ではアメノヒボコは「海檜槍」と表記されている。

③玉の呪能…珠（『古事記』）、羽太玉、足高玉、鵜鹿鹿の赤石玉、葉細珠（『日本書紀』）。

三品は、これらの玉類は、鎮魂（タマフリ）に用いられる呪具であろうと指摘する。また、「鵜鹿鹿」は「赫《かく》（＝光り輝くさま）」の意ではないかとし、赤石玉が示す赤色は霊威の宿ることを表現しているとしている。

④熊の神籬…最後は『日本書紀』に登場するこれである。まず神籬とは、神が降臨場所として設けられる場所（榊が建てられ、注連縄が張られた神聖な空間）のことをさす。

問題は「熊」だが、これについては、字義通り動物の熊として、神供の獣肉を意味する「胙」がヒモロキとも読まれることから、「熊の神籬」を神供の熊肉とする説、「熊」を人目につかない奥まった場所、つまり「隈」と解する説、「熊樫」が大きい樫を意味することなどから「熊」を美称とする説、クマをカミの方言とする説、朝鮮語で「聖なるもの」を意味するコムと結びつける説など、さまざまな見解がある。三品は、朝鮮の熊神信仰との関係を指摘しているが、明確な結論は出していない。

このような分類から明らかなように、三品は七種もしくは八種からなる〈アメノヒボコの神宝〉は、大陸・半島由来の呪具とみなしている。

とくに、③の玉については、鎮魂法（タマフリ）に用いる呪具としているが、興味深いことに三品は、タマフリのフリ（フル）を、古代朝鮮語のプル（pur）と同源の語としている。三品によれば、古代朝鮮語のプルは「神霊が来臨する」「神霊が憑依する」「赫《かが》く」などを原義とし、巫女が唱する呪歌はプリと呼ばれるという。つまり、原始神道的な行法とみなされることの多い古代の鎮魂法のルーツを、朝鮮半島のシャーマニズムに求めているのである。言い換えれば、但馬に渡来したアメノヒボコ一族（もしくはアメノヒボコを神として崇める一族）とは、半島由来の太陽神を招くシャーマニズム儀礼の将来者だったというのである。

そして、ここまでくれば読者もおわかりのように、この〈アメノヒボコの神宝〉と〈十種の神宝〉は多くの点で共通し、著しい類似性をもつ。両者とも、鏡・刀（剣）・玉・比礼と構成物が同じで、さらに両者ともシャーマニズム的な宗教儀礼で用いる呪具であり、鎮魂法の実践で用いられたとも想定されるからだ。

〈アメノヒボコの神宝〉は石上神宮に献上された

この類似性は、何を意味しているのだろうか。出石神社の〈アメノヒボコの神宝〉と石上神宮の〈十種の神宝〉の間には、何か具体的な結びつきがあるのだろうか。

両者の強い関係性を示唆する記述が『日本書紀』にある。『日本書紀』によれば、〈アメノヒボコの神宝〉は石上神宮に奉献されているのである。

垂仁天皇八十八年七月十日条には、およそ次のような記述がある。アメノヒボコの渡来から八十五年後のことである。

天皇は群卿にこう詔《みことのり》した。

「新羅の王子、天日槍がやって来たときに将来した宝物は、今、但馬にある。但馬の人々に貴ばれて、そのまま神宝となった。私はその宝物を見たい」

その日のうちに、但馬に使者が遣わされ、天日槍の曾孫・清彦《きよひこ》が勅にしたがってただちに自ら神宝を捧げて献上した。羽太玉一箇・足高玉一箇・鵜鹿鹿の赤石玉一箇・日鏡一面・熊の神籬一具である。ただし清彦は、神宝のうち、出石の小刀（刀子《かたな》）だけは献上できないと考え、服の中に隠して身に帯びていた。

天皇はそれに気づかないまま、清彦を遇しようと御所に召し、酒を与えた。するとそのとき、刀子が清彦の衣から顕れ出て、神宝のひとつを隠していたことが天皇にばれてしまった。天皇が所望すると、清彦はすぐに刀子を天皇に献上した。

こうして神宝はみな、神府《みくら》に納められた。

ところが、その後、宝府《みくら》を開いてみると、小刀が失せていた。そこで清彦に問い質すと、清彦は「じつは昨晩、刀子が私の家にやって来て、今朝にはもうなくなっていました」と答えた。天皇はこれを恐れ畏《かしこ》み、再びその刀子を求めようとはしなかった。

その後、出石の刀子は自然と淡路島にやって来た。島の人々はこれを神だと思い、刀子のために祠を立てた。これは今でも祀られている。


あらましとしては、〈アメノヒボコの神宝〉が、アメノヒボコの曾孫・清彦によって垂仁天皇に献上され、「神府《みくら》」(「宝府」とも書かれている)に納められた、ということになる。そしてここで気になるのは「神府」である。いったいどこの「神府」であろうか。

『日本書紀』において、この垂仁八十八年七月十日条の前条は八十七年二月五日条になっていて、この二月五日条には前章で触れたように、天皇の妹大中姫命《おおなかつひめのみこと》に代わって物部十千根《とおちね》が、神宝を納める石上神宮の神庫《ほくら》を掌るようになったことが記されている(第二章72ページ参照)。したがって、文脈からすれば、八十八年七月条の「神府」が石上神宮の神庫を指しているであろうことは、容易に推測できる。

出石神社の禁石地。アメノヒボコの墓とも伝わる。

また、『釈日本紀《しゃくにほんぎ》』所引の『天書《てんしょ》』（奈良時代末期の藤原浜成撰と伝えられる史書。完本はなく、逸文が伝えられる）には、「（アメノヒボコが献上した神宝をみた垂仁天皇は）石上神宮に蔵せしむ」と書かれている。

すなわち、〈アメノヒボコの神宝〉は、垂仁朝の末期、石上神宮の神庫に納められたのである。

そのうち、出石の小刀（刀子）については、「いつのまにか神府から姿を消し、ひとりでに淡路島に渡り、その地に神として祀られた」というちょっと不思議な伝承を『日本書紀』は記しているが、それ以外の神宝（羽太玉一箇・足高玉一箇・鵜鹿鹿の赤石玉一箇・日鏡一面・熊の神籬一具）については、その後『日本書紀』に特段言及がない。したがって、残りの神宝は、その後も引き続き石上神宮の神庫に収蔵されたとみるべきだろう。つまり、〈アメノヒボコの神宝〉は最終的には石上神宮に帰趨したわけである。

したがって、但馬の出石神社には、少なくとも古代のままには神宝は現存していないことになる。

なお、出石神社の本殿東奥の、玉垣で囲まれた老樹が生い茂る土地は古来「禁足地」とされ、祟りがあるので一木一草たりとも折ってはならないとされてきた。江戸時代にはここは「天日槍廟所」と呼ばれていた。アメノヒボコの墓とされていたわけである。ここに神宝が埋納されていたという伝承はないようだが、石上神宮にも禁足地があることを考え合わせると、〈アメノヒボコの神宝〉と〈十種の神宝〉の親近性を改めて感じてしまう。

また、淡路島の東端に出石神社（通称・生石《おいし》神社）があり、ここはアメノヒボコを祭神とし、垂仁紀にみえる「出石の刀子」が祀られた祠に比定されている。淡路島に新羅系渡来人が住み着いたことを物語っているのだろう。

さらに、ここで興味深いことは、『日本書紀』垂仁天皇三月条にはアメノヒボコの神宝として七種が挙げられているが、八十八年七月条で清彦が天皇に献じているのは、彼が隠したという出石の小刀を含めても六種しかない、ということである。具体的にいうと、七種の神宝のうち、「出石の桙《ほこ》」が欠落している。ということは、出石の桙だけは出石に残ったことになるが、このことは、「出石の桙」が新羅から渡来した王子アメノヒボコの形代《かたしろ》として彼の子孫に受け継がれていったこと、もしくは、「出石の桙」をモデルとして、アメノヒボコという新羅王子のキャラクターが編み出されたことを示唆しているのではないだろうか。

〈アメノヒボコの神宝〉伝承を『先代旧事紀』は無視

ここで、『日本書紀』にも『古事記』にも、〈十種の神宝〉に関する記述がないことを改めて思い出していただきたい。

ニギハヤヒが天つ神の子孫であることの証しとして所持し、神武天皇に献上した神宝としては、『古事記』には「天つ瑞」、『日本書紀』にはやや具体的に「天羽々矢と歩靫」と記されているが、それ以上の言及はない。玉・鏡・剣・比礼からなる〈十種の神宝〉の文献上の初出は、あくまでも、九世紀後半の成立と考えられる『先代旧事本紀』なのである（なお、九世紀後半の貞観年間（八五九～七七年）に編纂されたとみられる、『養老令』の私的注釈書『令集解《りょうのしゅうげ》』の、巻二「職員令」の神祇官鎮魂の条に記された細注には、「饒速日命、天より降る時、天神、瑞宝十種を授く。息津鏡一……」とあって〈十種の神宝〉が記述されているが、文章・内容からして明らかに『先代旧事本紀』からの引用と考えられている。そのため、この細注を後世の加筆とみる説と、『先代旧事本紀』そのものの成立を『令集解』編纂以前の九世紀前半にまでさかのぼらせる説がある）。

ところが、〈アメノヒボコの神宝〉に関する伝承は、八世紀はじめまでに成立した『古事記』『日本書紀』の中に、詳細に記述されている。また、半島から渡来したアメノヒボコにまつわる伝承は、『播磨国風土記《ふどき》』（七一五年頃の成立）や『古語拾遺』（八〇七年撰上）『新撰姓氏録《しんせんしょうじろく》』（八一五年撰上）にもみることができ、『摂津国風土記』逸文・『筑前国風土記』逸文にも関連伝承を見出すことができる。これらのことは、アメノヒボコ伝承がかなり古くから存在していたことを示している。

その一方で、奇妙なことに、『先代旧事本紀』にはアメノヒボコについて一切言及がないのだ。たとえば、『日本書紀』では垂仁天皇三年条と八十八年条でアメノヒボコが言及されているのだが、歴代天皇の事績が編年体で略記されている『先代旧事本紀』第七「天皇本紀」をみると、垂仁天皇の章では、三年も八十八年も、条文そのものが存在しない。『先代旧事本紀』の編者は『日本書紀』を読んで、そこにアメノヒボコ伝承が書かれていることを知っていたはずだから（『先代旧事本紀』には『日本書紀』の引用とみられる箇所が随所にある）、これは故意とも映る欠落である。

〈アメノヒボコの神宝〉は実在の可能性が高い

これらの事実からは、どのような歴史の情景が浮かび上がるだろうか。

アメノヒボコが実在した人物かどうかは定かではない。出石神社の「禁足地」を発掘して墓誌でも出土しないかぎり、アメノヒボコの実在を確証することは、ほぼ不可能だろう。

むしろ、アメノヒボコもしくは彼が後を追ったという妻にあたる女性を神として奉じる新羅系渡来グループが但馬に住み着いたという事実がまずあり、それが下敷きとなってアメノヒボコ説話が形成され、それが記紀に収録された、と考えたほうが合理的であろう。実際、研究者のあいだでは、それが定説的な位置を占めている。

出石町の入佐山《いるさやま》古墳の三号墳（四世紀後半頃の築造と推定）から中国製銅鏡（後漢の方銘四獣鏡）が出土

していること、豊岡市各地の弥生期遺跡から半島製と思われる鉄製品（鉄鏃《てつぞく》など）が出土していること（瀬戸谷晧ほか『アメノヒボコ』）、但馬地方にアメノヒボコおよびその系譜につながる神々を祭神とする式内社（『延喜式神名帳』記載の神社）が計十四社（出石郡九社、気多《けた》郡三社、城崎《きのさき》郡二社）所在することなどは、こうした説を傍証している。

そして、このように考えてゆけば、時代が垂仁朝かどうかは別として、「アメノヒボコ系の渡来人グループが、祖国から神宝を携えてやって来て、但馬でそれを大切に保管していた」という事実も、可能性としては大いにありうるということになろう。そしてその神宝は、彼らが実践していた呪術において神聖な呪具として用いられることもあったかもしれない。つまり、その中身・数・構成はまた別の問題として、〈アメノヒボコの神宝〉が架空のものではなく、現実に存在した可能性は高いということだ。

〈十種の神宝〉に対する疑念

それに対して、〈十種の神宝〉はどうだろうか。

くどいようだが、〈十種の神宝〉は文献上の初出は『先代旧事本紀』（九世紀後半成立が有力）である。同書によれば、〈十種の神宝〉は崇神朝から石上神宮で奉斎されるようになったというが、『先代旧事本紀』以降の現存史料で、それが石上神宮に実在したことを確証できるものは、管見の範囲では見出せない。

とくに、神宝を呪具として用いる「鎮魂法」が古代・中世の石上神宮で実修されたことを示す史料が見当たらないこと、また宮中鎮魂祭においても、〈十種の神宝〉伝承と関連付けることができる御衣振動の儀が行われるようになったのは十世紀に入ってからのことと推測されることは、〈十種の神宝〉の存在証明に、きわめて不利に働く。

ただし、石上神宮の神庫に、朝廷に献上された刀剣類を含む数々の神宝が収められたこと、もしくは禁足地に埋納されたことは、間違いのない事実であろう。そして、その中には、出石神社が献納した〈アメノヒボコの神宝〉が含まれていた可能性もきわめて高い、ということになろう。

〈十種の神宝〉のルーツは〈アメノヒボコの神宝〉か

以下は、これらのことを踏まえたうえでの筆者の私見である。

弥生～古墳時代のあるとき、朝鮮半島の新羅からあるグループが日本に渡り、但馬に住み着いた。彼らは、アメノヒボコに擬せられる神を祖神もしくは太陽神として仰ぎ、その祭祀の際に呪具として用いる鏡・剣・玉・比礼などからなる〈アメノヒボコの神宝〉を故郷から携えて来ていた。

そして彼らの呪的祭祀というのは、たとえば、比礼をまとった巫女が玉や鏡を手に取りながら、激しくからだを振り動かすというような、ニギハヤヒ系の鎮魂（タマフリ）の原型となるようなものであっただろう。

珍奇な〈アメノヒボコの神宝〉の存在はやがてヤマト王権にまで知られることになり、天皇の命によって、それは王権の宝物庫となっていた石上神宮の神庫に献納されることになった。

一方、石上神宮を奉斎していた物部氏には、一族の祖神ニギハヤヒが天つ神から神宝を授けられ、それを大和の支配者になった天皇家に献上した、という氏族伝承が古くからあった。

そして物部氏が石上神宮を管理してゆくうちに、その氏族伝承が神庫に納められている〈アメノヒボコの神宝〉に重ねられてゆくようになり、いつしか同一視され、「ニギハヤヒが天つ神から授かった神宝は、石上神宮に奉斎されている」とみなされるようになった。こうして〈十種の神宝〉説話が形成されていった。

同時に、〈アメノヒボコの神宝〉を用いた渡来人の呪法をモデルとして、天皇霊の賦活を目的とした、死者をも蘇生させるという、〈十種の神宝〉を用いる鎮魂法（の伝承）も形成されていった。また、延暦二十四年（八〇五）に石上神宮の社前で巫女が実修した、アメノウズメ系と推測できる鎮魂法も、その形成に影響を与えたかもしれない。

つまり、「〈アメノヒボコの神宝〉→〈十種の神宝〉」という、いわば「すり替え」が生じたのではないか――というのが筆者の私見である。

では、なぜこのような「すり替え」が生じたのか。

物部氏は朝廷の軍事・警察を司る氏族として発展し、とくにその本家は六世紀から大連《おおむらじ》の位を世襲し、有力豪族として隆盛を極めた。

しかし、もうひとつの有力豪族である蘇我氏と対立し、用明天皇二年（五八七）、大連の物部守屋が蘇我馬子らによって滅ぼされると、たちまち勢力を失い没落していった。

だが、石上神宮の管理にあたっていた物部氏の支族は滅亡を免れ、七世紀末頃に石上氏と氏を改め、奈良時代には公卿として朝政に参画するようにもなった。

そうした凋落から復権への流れのなかで、石上神宮を奉祀する石上氏が、かつての物部氏の繁栄と権威を正当化し、説話化するために、〈アメノヒボコの神宝〉をひとつのモデルとして、〈十種の神宝〉という新たなレガリア伝説を生み出していった――ということは考えられないだろうか。

そして、その正当化の延長線上に、九世紀後半における『先代旧事本紀』の編纂があるのだろう。

――『先代旧事本紀』を編纂したのは、石上神宮の神官たちだったのではないだろうか。

＊

もちろん、今述べたことは筆者の推測である。

石上神宮の禁足地は、今でも、激しい雨が降ったあとなどには、きらきらと光ることがあるそうだ（上田正昭・鎌田純一『日本の神々　『先代旧事本紀』の復権』）。それは、明治期の発掘調査で採り残された遺物なのかもしれない。

〈十種の神宝〉であれ、〈アメノヒボコの神宝〉であれ、石上神宮の禁足地には、今も何かが埋納され、時の流れに身を委ねているのである。

第四章

出雲大社とミスマルの玉

出雲大社の御神体とは

往古、本殿は、高さが十六丈（約四十八メートル）、いや三十二丈（約九十六メートル）もある荘厳な高層建築だった。――出雲大社（島根県出雲市大社町杵築東）をめぐるミステリーといえばこれが定番だろう。しかし、これよりももっと根本的な謎が出雲大社にはある。

出雲大社の祭神が大国主神《おおくにぬしのかみ》（大国主命）であることは、言うまでもない。

それでは、出雲大社の御神体は何であろうか。

天照大神を祀る伊勢神宮が八咫鏡《やたのかがみ》を御神体としていることは、実見はできないものの、周知の事実となっている。

ならば、出雲大社の場合はどうかというと、「御神体は不明」というのが答えになる。

もちろん不明であることは、まず第一には本殿の奥深くに安置されているそれを何人たりとも実見することが許されないからなのだが、ただし、真偽不明ながら、出雲大社の御神体について言及する文献が存在しないわけではない。

そのひとつが、平安時代中期の参議・源経頼《つねより》の日記『左経記《さけいき》』だ。

同書の長元四年（一〇三一）十月十七日条には、出雲から京都への注進として、出雲守・橘俊孝がおよそ次のようなことを語ったとある。ちなみに、出雲大社が「出雲大社」を正式な社名とするのは明治四年（一八七一）からのことで、それまでは「杵築《きづき》大社」と称されることが多かった。「杵築」

明治初期に描かれた出雲大社。「出雲大社絵図」（1875年／国立公文書館蔵）より。

とは鎮座地の地名である。

（八月某日に）杵築大社が風なくして倒壊してしまいました。この社中には、七宝で作った宝殿があり、七宝の筥《はこ》を安置していて、その筥が御神体であるといいます（「此の社中に七宝を以て宝殿を作り、七宝の筥を宝殿の中に安置す。これ御正体《みしょうたい》と称すと云ふ」）。倒壊した本殿の材木の上に、この筥が露わに置かれていました。その筥は沐浴潔斎した禰宜《ねぎ》らによって仮殿に移し奉られました。

出雲大社の御神体だという「七宝の筥」とはなんであろう。

「七宝」は仏典にみえる語で、七種の宝物をさし、浄土経典の『無量寿経』では金・銀・瑠璃・玻璃《はり》（水晶）・硨磲《しゃこ》・瑪瑙《めのう》・珊瑚《さんご》となっている。とすれば、七宝が納められた筥ということであろうか。それとも、七宝を敷き詰めて作られた筥ということであろうか。

しかし、ご覧のように、この御神体をめぐる記述は、経頼の実見にもとづくものではなく、あくまでも橘俊孝を介した伝聞である。しかも、神の怒りと恐れられたこの大社の倒壊とともに重要な託宣があったと当初は報じられていたが、後日になると、じつはその託宣は、出雲での利権をもくろむ橘俊孝がでっち上げたものであることが判明し、俊孝は翌年、佐渡国へ配流《はいる》されている。

そうなると、七宝の筥が御神体だというくだりはかなり眉唾物と言わざるを得ないのだが、本章の最後で明かすように、ここには等閑に付すことができない情報が含まれているのだ。

御神体をめぐる諸説

大社の御神体に言及する文献として次に挙げるのは、『雲陽秘事記』だ。

この書は、著者・成立年代は不明ながら、松江藩主松平家や近世松江の奇聞・伝説をまとめたものだ。筆者はこの書の原本を閲覧できずにいるが、中山太郎『日本民俗学辞典』によれば、同書には次のような奇談が収められているという。

松江の城主松平直政（一六〇一〜六六年。徳川家康の孫で、松江藩主松平家初代）が出雲大社に参詣したとき、「我は当国の主となったのだから、御神体を見せていただきたい」と言って、出雲国造《いずもこくそう》（出雲大社の最高神官。千家《せんげ》家と北島家の二家がある）が止めるのも聞かずに実見したところ、それは、九つの穴の開いた巨大な鮑《あわび》で、それはたちまち十尋《ひろ》（約十五メートル）もの大蛇に変身したので、直政は畏れてそのまま退出した。

これとほぼ同じ話が、小泉八雲の「杵築――日本最古の神社」にも記されている。八雲は、明治二十三年（一八九〇）九月、松江の中学校・師範学校の英語教師として松江に着任した早々、出雲大社に参詣したが、「杵築」はそのときの記録で、これによると、八雲は西洋人としてはじめて昇殿を許され、さらに神官からさまざまな話を聞くが、そのうちのひとつが、直政と大社の御神体にまつわる話であった。八雲の文章は『雲陽秘事記』よりも詳細で、かつ物語性が豊かになっていて、その最後を「（大蛇を畏れて退出した）直政は、それ以来、出雲大社の神威を畏れ、それを篤く崇拝するようになった」と結んでいる。

もちろん、この奇談が事実に即したものかどうかは不明である。とはいえ、大社の御神体が「大蛇」だったというのは、祭神の大国主神の幸魂《さきみたま》・奇魂《くしみたま》とされる大物主神《おおものぬしのかみ》が蛇を化身とする伝承があることを考えると、興味深いものがある。

第八十二代出雲国造の千家尊統《たかむね》は、著書『出雲大社』（一九六八年）のなかで、今挙げたような大社の御神体をめぐる記述を紹介したうえで、こう記している。

このように推測はまちまちであるが、いずれもただの想像説であって、御神体はだれでも拝すことのできるものではない、と私はこれまで答えてきた。ただ御遷宮の諸記録をみると、御神輿舁《かき》の人数はたびたび増加していることから、あるいは御神体に異動でもあったのではないかと疑ってもみているが、どうであろうか、よくはわからない。

大社の御神体には御衾《ふすま》をかけ申してあるというが、それは絹ではなく錦の類で、幅は尺余もあり、長さも丈余に及ぶと聞いている。後に社殿の条で説くように、御本殿の小内殿の奥深くに鎮座になっていて、容易にうかがえるところではないけれども、この御衾ということから思い浮かべられるのは、天孫が高天原から降臨のとき真床覆衾《まとこおうふすま》に覆い包まれて地上に降られたということである。……（中略）……大社の御神体はまたこのようにして、千古の神秘を御衾が包んでいるのである。

結局、出雲大社の御神体の実像は、まさに「御衾」という神秘のベールに包まれて、模糊としているのだ。

豊富な神宝にまつわる古伝承

もっとも御神体が不明というケースは、小社であれ大社であれ、歴史の古い神社であれ浅い神社であれ、さして珍しいことではない。むしろ、そのこと自体は、神社としてはごく普通のことであろう。

だが、それでも出雲大社についていうと、「御神体が不明」という事情はやはり不可解なのである。

なぜなら、出雲大社は、伊勢神宮や熱田神宮のように、祭神と神宝にまつわる古伝承を豊富に有しているからである。

たとえば、伊勢神宮は、記紀に記されたアマテラスとその御霊代《みたましろ》であり神宝である八咫鏡にまつわる伝承を鎮座縁起とし、そしてアマテラスを祭神とし、八咫鏡を御神体としている。

熱田神宮もまた、記紀に記されたヤマトタケルと神宝の草薙剣にまつわる伝承を鎮座縁起とし、実質的には草薙剣を祭神視し、かつ御神体として祀っている。

石上神宮の御神体である神剣フツノミタマやそれに比肩する地位をもつ〈十種の神宝〉の由来が、記紀や『先代旧事本紀《せんだいくじほんぎ》』に詳述されていることは、既述した通りだ。

そして、これから紹介するように、出雲大社についてもまた、神宝に関する古伝承が記紀、とくに『日本書紀』に豊富に記されている。そして、大国主神についても、記紀神話の随所に神宝と関わる挿話を見出すことができる。にもかかわらず、そうした古伝承は、大国主神の御神体あるいは御霊代に関しては、沈黙している。

大量の銅鐸が発掘された加茂岩倉遺跡（置かれている銅鐸はレプリカ）。

大量の銅剣が出土した荒神谷遺跡。

もちろん、神宝と御神体とは、必ずしも直結するものではない。しかし、出雲大社に限っていえば、鎮座と神宝の伝承が豊富であるにもかかわらず、御神体の実像が深いベールに包まれているということは、筆者の目には、きわめて不自然に映ってならない。

それだけではない。一九八〇年代から九〇年代にかけて、出雲地方の二つの遺跡（荒神谷《こうじんだに》遺跡と加《か》茂岩倉《もいわくら》遺跡）からは弥生時代の大量の青銅器が発見され、古代史の定説を覆す考古学的発見として注目を浴びた（荒神谷遺跡からは銅剣三百五十八本、銅鐸《どうたく》六個、銅矛《どうほこ》十六本、加茂岩倉遺跡からは銅鐸三十九個が出土）。実戦用の武器や生活具ではなく、神マツリに使用された祭具であったと考えられているこれら青銅器類を一種の神宝ととらえるならば、考古学的な成果を踏まえても、古代文献が大社の御神体について黙しているのは、なおさら不思議なことのように思えるのだ。

『古事記』の大国主神と生大刀・生弓矢

出雲大社は、鎮座縁起からして、神宝との関わりが濃厚である。

まずは、『古事記』にみえる出雲大社の古伝承をみてみよう。

スサノオの六世孫の大穴牟遅神《おおなむちのかみ》（大国主神の異名）は、稲羽の素兎《しろうさぎ》を救い、八上比売《やがみひめ》と結婚しようとするが、兄弟の八十神《やそがみ》にこれを妨害されて苦難に遭う。しかし、これらから逃れた大穴牟遅神は、スサノオがいる「根の国」に赴き、そこでスサノオの娘・須勢理毘売《すせりびめ》と結婚する。ところがここでも大穴牟遅神は、スサノオによって「蛇の室《むろ》」や「呉公《むかで》と蜂の室」に寝かせられたり、野火に囲まれたりと、次々に試練に遭うが、妻の助けや自らの機略によって切り抜けてゆく。

最後には、スサノオの髪を建物の垂木《たるき》に結いつけ、巨岩で戸口をふさぐと、須勢理毘売を背負い、スサノオの持ち物である生大刀《いくたち》・生弓矢《いくゆみや》・天《あめ》の沼琴《ぬごと》を持って逃げ出す。

生大刀・生弓矢とは、霊力に満ちた大刀と弓矢であり、軍事的支配権の象徴である。天の沼琴とは、玉飾りのある琴のことで（ヌは瓊＝玉のこと）、神託を得る際に用いられる呪具であり、宗教的支配権の象徴である。総じて、生大刀・生弓矢・天の沼琴は、スサノオが有していた権威・霊威を象徴する神宝といえるだろう。それを、いくつもの受難・試練を乗り越えた大穴牟遅神が獲得したのである。

こうして大穴牟遅神が地上世界に逃れ出ると、根の国から黄泉比良坂《よもつひらさか》まで追ってきたスサノオが、大穴牟遅神に対して、最後にこう高々と告げる。

おまえが持っている生大刀・生弓矢で、おまえの兄弟を山坂の裾に追い伏せ、河の瀬に追い払い、大国主神となり、宇都志国玉神《うつしくにたまのかみ》となってわが娘須勢理毘売を正妻とし、宇迦《うか》（出雲郡宇賀郷）の山の麓の地中の岩盤に宮殿の柱をしっかりと立て、棟には高天原に届くまで千木《ちぎ》を高く立て、そこに住め。こいつめ！

大穴牟遅神は、かくして岳父スサノオから地上世界の支配者になることを認められ、「大国主神=偉大な国土の主人」という神名を得たのである。

このスサノオの台詞にみえる「地中の岩盤に宮殿の柱をしっかりと立て、棟には高天原に届くまで千木を高く立て、そこに住め（底つ石根《いはね》に宮柱ふとしり、高天原に氷椽《ひぎ》たかしりて居れ）」という表現は、大国主神を祀る出雲大社の創建を暗示している。実際、この場面は、国譲り後、大国主神のために出雲に神殿が築かれることへの伏線になっている。このスサノオの言葉は、あくまで神話上においてだが、出雲大社に関する最初の言及といえる。

『古事記』にみる大国主神の国譲り

現《うつ》し国の王者となった大国主神は、生大刀・生弓矢を持って兄弟神を退け、さらに少名毘古那神《すくなびこなのかみ》と協力して出雲で国作りにとりかかり、見事に国土を整えた。

ところが、天界の主宰者であるアマテラスは「豊葦原《とよあしはら》の千秋《ちあき》の長五百秋《ながいおあき》の水穂国《みずほのくに》（日本の美称）」はわが子孫が治める国であると言い出し、アマテラスの第二子アメノホヒ（記では天菩比神、紀では天穂日命）が特使として下界に遣わされた。ところが、地上に降ったアメノホヒは大国主神にへつらい、三年たっても復命しなかった。

このような紆余曲折を経て、最終的には、武神である建御雷神《たけみかづちのかみ》が地上世界に遣わされることになった。

出雲国の伊耶佐《いざさ》の小浜《おばま》に降臨した建御雷神は、大国主神に「おまえが支配している葦原中国《あしはらのなかつくに》（地上世界）は、天孫が統治すべき国なのだ」と国譲りを強く迫った。

大国主神は、二人の御子神・事代主神《ことしろぬしのかみ》と建御名方神《たけみなかたのかみ》が建御雷神に降参すると、ついに「この葦原中国は、仰せの通りすっかり献上しましょう」と国譲りを承諾する。

ただし大国主神は、このときひとつ条件をつける。それは、自身の隠退所として、天つ神の御子の住まいのように（「天の御巣《あめのみす》のごとくして」）、立派な宮殿を造営してほしいというもので、「造営してくれるのであれば、遠い隅の地（百足らず八十坰手《ももたらずやそくまで》）に隠れ控えていましょう」と約束し、建御雷神側はこの条件をのむ。

ここで大国主神が造営を望んだ宮殿とは、後の出雲大社のことをさしているとみられ、このくだりは出雲大社の鎮座縁起となっている。

「玉」をまとって隠退した大国主神

大国主神の国譲り譚については『日本書紀』にも『古事記』とほぼ同様の叙述がみられるのだが、『日本書紀』の場合は、神宝への言及が目立っている。

まず神代下・第九段の本文をみると、天界から遣わされた建御雷神らに服従した大己貴神《おおなむちのかみ》（大国主神の異名）は、国の平定に用いた広矛を献上し、こう述べる。

私はこの矛によってついにことを成し遂げました。天孫がもしこの矛を用いて国を統治するならば、必ず平安になるでしょう。今私はまさに遠い隅の地（百足らず八十隅《やそくまで》）に隠れましょう。

大己貴神の広矛は、『古事記』で大国主神がスサノオから奪い、国土の平定に用いた「生大刀・生弓矢」のバリエーションとみなすことができる。

　そして、大己貴神による天つ神への広矛献上は、統治権献上の表現とみるのが常道だろうが、広矛を弥生時代の青銅器文化の象徴ととらえ、国譲り神話そのものを、ヤマト王権が前時代的な地方首長を従属させていったプロセスを、青銅器文化圏の中心であった出雲をひとつのモデルとして象徴的に描いたものとみる説もある（新谷尚紀『伊勢神宮と出雲大社』）。記紀は大己貴神（大国主神）の異名に八千矛神《やちほこのかみ》（八千戈神）を挙げるが、この神名は、出雲の青銅器文化を表現していると読み解くこともできる。

　一方、『日本書紀』本文に付記されている異伝である一書《あるふみ》をみると、一書第二に国譲り後についての詳細な記述がみられる。

　国譲りをした大己貴神のためにつくられる神殿すなわち出雲大社は高皇産霊尊《たかみむすひのみこと》によって「天日隅《あまのひすみの》宮《みや》」と呼ばれ、大己貴神の祭祀を司る役にアマテラスの第二子アメノホヒが任じられる。

そして大己貴神は、こう述べる。

天つ神の仰ることは、こんなに行き届いています。どうして仰せに従わないことがありましょうか。私が治めるこの世のこと（顕露《あらは》の事）は、皇孫がまさに治められるべきです。私は退いて幽界のこと（幽事《かくれたること》）を治めましょう。

そして大己貴神は、体に聖なる八坂瓊《やさかのに》すなわち大きな玉をつけて、永久に隠れた（「躬《み》に瑞《みつ》の八坂瓊を被《お》ひて、長《とこしへ》に隠れましき」）。

「八坂」は八尺つまり大きいという意である。「瓊」は玉の意である（玉は、必ずしもC字形に湾曲した外形をもつ曲玉・勾玉とは限らない）。

つまり、『日本書紀』によれば、国譲りをした大国主神は、広矛を天つ神に献上し、自身は大きな宝玉を身にまとってこの世を去り、幽界に姿を隠した――となろう。したがって、この時点で大国主神を象徴するような神宝が何かあるとすれば、それは「玉」となるだろうか。大国主神の数多くある異名のひとつに、宇都志国玉神（顕国玉神）があることは、このことと関連して注意を引く。

もうひとつ指摘しておきたいのは、葦原中国平定の使者として派遣されたものの、大国主神に媚びて三年たっても復命しなかったアメノホヒが、高皇産霊尊によって大国主神の祭主に任じられたということだ。

アメノホヒは、記紀神話では、アマテラスの角髪《みずら》に巻かれた「八坂瓊の五百箇《いおつ》の御統《みすまる》」(大きな玉をたくさん緒に貫いたもの)を物実《ものざね》として生まれた神で、この神の子が建比良鳥命《たけひらとりのみこと》(武日照命《たけひなてるのみこと》、武夷鳥《たけひなとり》)で、出雲臣《いずものおみ》(出雲氏)の祖神とされている。つまり、大国主神の祭主となったアメノホヒもまた、玉と深い関わりのある神であった。

そして、アメノホヒの神裔とされる出雲臣が、出雲大社を司る出雲国造の職を世襲した。現在の出雲国造家(千家家と北島家)はその末裔になる。

出雲大社の神宝を欲しがった崇神天皇

記紀において、出雲大社のことが再び言及されるのは第十代崇神《すじん》天皇の時代である。この時代に、出雲の「神宝」をめぐって、出雲と朝廷との間で争いが繰り広げられたことが具体的に語られているのだ。ただし、崇神朝は一般に三世紀頃と推測されているものの、記紀のこの時期の記述は神話的色彩が濃く、史実そのままとして取り扱うことには慎重になる必要がある。

その記述は『日本書紀』にのみみえ、出雲がヤマト朝廷に服属する過程とからんで、およそつぎのように綴られている。

崇神天皇六十年七月十四日、天皇は、「出雲大神の宮」に納められている、武日照命《たけひなてるのみこと》が天から持ってきたといわれる「神宝」をみたいと言い出し、武諸隅《たけもろすみ》なる人物を出雲に遣わして朝廷に献納させようとした。

群臣に詔《みことのり》して曰《のたま》はく、「武日照命　一《ある》に云《い》はく、武夷鳥といふ。又云はく、天夷鳥といふ。の、天より将《も》ち来《きた》れる神宝《かむたから》を、出雲大神の宮に蔵《をさ》む。是を見欲《みまほ》し」とのたまふ。則ち矢田部造《やたべのみやつこ》の遠祖武諸隅　一書《あるふみ》に云はく、一名《またのな》は大母隅といふ。を遣《つかは》して献《たてまつ》らしむ。

「出雲大神の宮」は、異論はあるものの、出雲大社のことをさしているとみるのが通説である。武日照命は、先ほど触れたようにアメノホヒの子で、出雲氏（出雲臣）の始祖とされる。つまり、天皇家における三種の神器のように、出雲氏においても、祖先が天界から神宝を携えて降臨したという伝承があったのだろう。そしてその神宝が出雲大社に納められていることが、ヤマトにまで伝わっていたのだろう。

もっとも、後述するが、この時点で出雲大社が現在地に鎮座し、社殿が造営されていたと考えることは難しい。したがって、もとよりこの崇神朝の記事がそのまま史実を反映しているとは思われないが、想像するとすれば、社殿の原型である簡素な倉のような建物に神宝が安置されていたというこことになろうか。あるいは洞穴のような場所に納められていたのだろうか。とりあえず、ここでは「出雲大神の宮」を、プレ出雲大社としてとらえておきたい。

『日本書紀』の続きに戻ると、このとき出雲の神宝を管理していたのは、出雲氏の遠祖、つまり武日照命の末裔にあたる、出雲振根《いずものふるね》だった。ところが、振根はこのときたまたま九州の筑紫国に出かけていて、朝廷から派遣された武諸隅に応対したのは、振根の弟の飯入根《いいいりね》だった。飯入根は兄に相談することなく皇命に従い、弟の甘美韓日狭《うましからひさ》とその子鸕濡渟《うかずくぬ》に神宝を渡し、ヤマトに貢上してしまった。これは、出雲がヤマトに服属したことを意味する。

筑紫から帰郷した振根は、大切な出雲の神宝が朝廷の手に渡ってしまったことを知ると激怒し、弟の飯入根を謀殺してしまった。

ヤマトへの恭順派である甘美韓日狭と鸕濡渟が朝廷に参向し、この顚末を報告すると、ヤマト朝廷側は吉備津彦《きびつひこ》と武渟河別《たけぬなかわわけ》を出雲に派遣し、振根を誅殺。この事態にふるえあがった出雲の一族は、出雲大神の祭祀を中断してしまった。

故《かれ》、出雲臣等、是の事に畏《おそ》りて、大神を祭らずして間《しまし》有《あ》り。

「大神」とは、出雲大社の主祭神である大国主神をさすと考えられる。出雲はヤマトに服従し、首長もその支配下に入ってしまったということだろう。

記紀神話の「大国主神の国譲り」を彷彿させる展開である。

国譲り神話は出雲内の反朝廷派・朝廷派の抗争の寓意か

ヤマト朝廷におもねった鸕濡渟は、『先代旧事本紀』巻第十「国造本紀《こくぞうほんぎ》」にみえる、アメノホヒの十一世孫で、崇神朝に初代出雲国造に任じられたという、宇迦都久奴命《うかつくぬのみこと》のことと思われる。つまり全体の構図としては、鸕濡渟は出雲氏の有力者だったが、リーダー格の振根と対立し、朝廷側に協力をあおいでその追い落としをはかって成功し、朝廷からは恭順の功として、地方首長である国造という地位を得た――ということになる。

いささか本題から外れるが、ここで気になるのは、出雲氏が神宝の収納を機に大国主神の祭祀を中断してしまったということである。このことは逆に言うと、それまで出雲氏は、大国主神を自分たちの祖神として祀っていたことを示唆しているのではないだろうか。もちろん記紀神話では、あくまで大国主神の国譲りを受けて、出雲氏の祖神であるアメノホヒがその祭祀を担うようになったと説明されているが、それは後付けの説話ではないだろうか。神祇祭祀は、祀られる神の末裔氏族が担うというのが原則だからであり、ヤマト朝廷の侵蝕を受ける以前の出雲ではその原則が保たれていたはずだからである。

ところが、出雲氏は崇神朝の頃、振根を中心とする反ヤマト朝廷派と、飯入根・鸕濡渟父子を中心とするヤマト朝廷派に分裂してしまった。そして、反朝廷派が朝廷勢力によって駆逐されてしまうと、出雲に残って国造に任じられた朝廷派の出雲氏は、政治的な理由から、大国主神ではなく、天皇家の祖神であるアマテラスが身に着けていた玉（八坂瓊の五百箇《いおつ》の御統《みすまる》）から化生したという、天つ神のアメノホヒとその御子の武日照命を祖神として仰ぐようになり、本来の祖神大国主神は敬遠され、その祭祀はおろそかにされていった――ということなのではないだろうか。

こうした歴史的な経緯を神話的に表現したのが、国譲り神話なのだろう。

大国主神の託宣により神宝は出雲に返還される

ところが、しばらくして、不思議なことが起きる。

『日本書紀』によると、丹波《たんば》の氷上《ひかみ》という地に住む氷香戸辺《ひかとべ》という人物が、皇太子の活目尊《いくめのみこと》（のちの垂仁《すいにん》天皇）のもとに参上して、こう述べた。

私の小さな子どもが、「出雲の人が祀る神鏡が水底に沈んでいる」というような内容の歌を口走っています。これは、とても子どもの言うこととは思えません。神が取り憑いて歌っているのかもしれません。

活目尊がこのことを天皇に報告すると、天皇は詔《みことのり》して、出雲の祭祀を復活させた。

この説話は解釈がなかなか難しい。

まず、丹波の氷香戸辺とは何者か。

『延喜式神名帳《えんぎしきじんみょうちょう》』によると丹波国桑田郡には名神《みょうじん》大社として出雲神社があり、現在の出雲大神宮（京都府亀岡市）がこれであるとされている。出雲大神宮の現在の祭神は大己貴命《おおなむちのみこと》と三穂津姫命《みほつひめのみこと》である。丹波の出雲神社は、記紀よりも早い時代の出雲からの氏族移動にともなって創祀されたとする説があり（岡本雅享『出雲を原郷とする人たち』）、丹波にはかなり古くから出雲系氏族が移住していた可能性がある。崇神朝の出雲振根征討の余波で、出雲から丹波に逃げ延びた人々もいたかもしれない。氷香戸辺とは、そのような丹波在住の出雲人をさしているのだろうか。

次に謎めいているのは、氷香戸辺の子どもが口走った歌である。その歌を原文（訓み下し文）のまま書くとつぎのようになる。

たまもの鎮石《しづし》。出雲人《いづもひと》の祭《いのりまつ》る、真種《またね》の甘美鏡《うましかがみ》。押《お》し羽振《はふ》る、甘美御神《うましみかみ》、底宝御宝主《そこたからみたからぬし》。山河《やまがわ》の水泳《みくく》る御魂《みたま》。静挂《しづか》かる甘美御神《うましみかみ》、底宝御宝主《そこたからみたからぬし》。

岩波文庫版『日本書紀』の校注によれば、現代語訳はつぎのようになるという。

玉のような水草の中に沈んでいる石。出雲の人の祈り祭る、本物の見事な鏡。力強く活力を振う立派な御神の鏡、水底の宝、宝の主。山河の水の洗う御魂。沈んで掛かっている立派な御

神の鏡、水底の宝、宝の主。

全体としては、「出雲の玉のような石と神鏡が水底に沈んでいる」ということを訴えかけていることになる。たしかに、子どもが歌うような内容ではなく、出雲大神が子どもの口を借りて託宣したということになるのだろう。そして、ここに言及される「たまもの鎮石」と「神鏡」とは、武日照命が天から将来し、プレ出雲大社に納められたものの、崇神朝廷によって収奪されてしまったという「神宝」に含まれていたものと考えられる。

ただし、「水底に沈む石と神鏡」というのは、文字通りに、丹波や大和の沼や池に出雲の神鏡が放擲《ほうてき》されていることをさしていると解すべきではないだろう。朝廷に神鏡が収奪されたことによって、プレ出雲大社での祭祀が中断させられてしまったことを比喩的に表現しているとみるべきだろう。もし水中に投げ捨ててしまったというならば、ヤマト朝廷側がわざわざ出雲の神宝を召し上げたことの意味が説明できないからである。

同時に、このことは、大国主神の祭主に任じられたアメノホヒの御子神である武日照命が天から持ち来ったという神鏡を含む神宝が、プレ出雲大社の祭祀に必須のアイテムであったことを示している。

要するに、出雲大神すなわち大国主神は、出雲人の童子の口を借りて、ヤマト朝廷に対して、「神宝を返して、祭祀を再開してくれ」と訴えかけたのである。

そして託宣を報告された崇神天皇は、ただちに祭祀の再開を命じる。これは、大国主神の祟りを恐れたということだろうが、問題は「祭祀の再開」の意味するところである。

すでに述べたように、出雲大社の祭祀には、武日照命将来の神宝が必須のはずだった。ということは、祭祀を再開するには、その神宝が当然、必要になる。そうなると、いったんはヤマトに貢上された出雲の神宝は、崇神天皇の命令によって、そのすべてか一部かはわからないが出雲に返還され、プレ出雲大社に納め直されたということになるのではないだろうか。

垂仁朝にも出雲神宝をめぐる事件があった

神宝が出雲側に返還されたことを傍証する記述が、『日本書紀』にある。

崇神天皇の次の垂仁《すいにん》天皇の二十六年八月三日条に（つまり、出雲の神宝がヤマトに献納された崇神六十年からおよそ三十四年後）、天皇が「たびたび使者を遣わして、その国の神宝を調べさせたが、はっきりと申す者がいない。おまえが出雲に行って調べてきなさい」と言って、物部十千根《もののべのとおちね》を出雲に遣わし、神宝を検校《けんこう》させたという記事があるのだ。そして、十千根はよく調べて報告し、神宝を司ることになったという。

垂仁天皇といえば、皇太子時代は活目尊といい、丹波の氷香戸辺から例の大国主神の託宣を伝えられた人物である。また、物部十千根は、第二章でも言及したが、垂仁天皇八十七年二月条にも登場し、そこでは石上神宮の神宝の管理も担うことになったと記されていて、とかく神宝との関わりが深い人物である（第二章72ページ参照）。

十千根の「調べた」という行動からは、出雲の神宝が、ひとつや二つではなく、かなりの量に及んでいたことが想像される。つまり、この垂仁二十六年八月三日条の記事は、この時点で、出雲側にかなりの数に及ぶ神宝が保管されていたことを明らかに示している。朝廷は、一度は奪った神宝を、大国主神の祟りへの恐れから、出雲大社に返却していたのだ。同時にこのことは、出雲がヤマト朝廷への完全な服属を回避したということをも物語っていることになる。

崇神・垂仁の出雲の神宝をめぐる『日本書紀』の一連の記述からは、つぎのようなことが事実として浮かび上がってくる。

○プレ出雲大社には、朝廷が切望するほどに珍奇な神宝が数多く納められており、それは、出雲氏の遠祖・武日照命が天降りしたときに携えてきたものと伝承されていた。
○その神宝が具体的に何かは不明だが、少なくともそのなかに「玉のような石（たまもの鎮石）」と神鏡が含まれていた。
○その神宝は、プレ出雲大社での大国主神の祭祀にあたっては、なくてはならないものだった。

ホムツワケ伝承に浮かぶプレ出雲大社の場所

垂仁朝の伝承には、もうひとつ、出雲大社にまつわるもので見過ごすことのできないものがある。

垂仁天皇の皇子・ホムツワケ（記では品牟都和気命、本牟智和気御子、紀では誉津別皇子）は、出生の直後に起きた悲劇がトラウマとなって、成長しても言葉を発することができなかった。その悲劇というのは、母・狭穂姫《さほびめ》が反乱の企てが露見して天皇軍に攻められた兄・狭穂彦を追って稲城《いなぎ》に立てこもり、兄と運命をともにして燃え盛る城の中に姿を消してしまった――というものだった。

ところが、『日本書紀』によれば（垂仁天皇二十三年十月八日条）、空を飛ぶ白鳥をみて不意に「あれは何ものか」としゃべった。そこで天皇が「誰かあの鳥を捕えて献上せよ」と命じると、鳥取造《ととりのみやつこ》の祖である天湯河板挙《あめのゆかわたな》がその白鳥を出雲、または但馬で捕え、天皇に献上した。ホムツワケはこの白鳥をもてあそぶと、ようやく物を言うようになったという。

奇妙なことに、このくだりは『古事記』ではかなり異なって、しかもより詳しい記述になっている。

大人になってもホムツワケは物を言わなかったが、白鳥が天高く飛ぶのをみて、はじめて片言を発した。そこで天皇はその白鳥を人を遣わして捕え、ホムツワケにみせたが、しかし皇子は言葉を何も発しなかった。天皇がこれを憂えていると、夢に神が現れてこう託宣した。

私を祀る宮を天皇の御舎《みあらか》の如くつくるのであれば、御子は必ず物を言うであろう。

目を覚ました天皇が、「これはいかなる神の心だろうか」と占ったところ、ホムツワケへの祟り（物を言わないこと）は、出雲大神すなわち大国主神の意思であるとわかった。

早速天皇は、ホムツワケに曙立王《あけたつのみこ》と菟上王《うなかみのみこ》（ともにホムツワケの従兄弟にあたる）をつけて出雲に遣わし、出雲大神を参拝させた。

参拝したときのことについては『古事記』は何ら記さないが、参拝後にひとつの事件が起きる。ホムツワケは、ヤマトへの帰路、斐伊川《ひいがわ》（肥の河）に架けた橋に設けられた仮宮で出雲国造《いずものくにのみやつこ》（ということは、つまり出雲氏）の祖・岐比佐都美《きひさつみ》から饗応を受けようとしたとき、突然、こうしゃべりはじめた。

河下の青葉のようなものは山と見えるが山ではない。もしや、出雲の石硐《いわくま》の曾宮《その》に坐す《います》葦原色許男大神《あしはらのしこおのおおかみ》を奉斎する祝《はふり》の祭場ではないか。

（この、河下の青葉の山のごときは、山と見えて山にあらず。もし、出雲の石硐の曾宮に坐す、葦原色許男大神をもちいつく祝が大庭か）

出雲の神奈備、仏経山。

参拝したことで大国主神の祟りがとけ、ようやくホムツワケは物を言うようになったわけだが、注目されるのは、プレ出雲大社の位置がここに示唆されていることだ。葦原色許男とは大国主神の異名なので、その神が坐す「出雲の石硐の曾の宮」とは、当時の出雲大社をさしていることになる。

「石硐」は岩蔭の奥まったところの意とされるが、「曾」は解釈が難しい。「背《そ》」ととって「後方」「背面」の意とすることも、「十《そ》」ととって「重なり」の意とすることもできようが、歴史学者の村井康彦氏は後者の意にとり、「出雲の石硐の曾の宮」を「岩石の累々と重なり合った（ような）宮」と解し、さらに、これは大国主神の祭祀が行われた巨大な磐座《いわくら》をさすとして、その場所を、裾野に斐伊川が流れる、簸川《ひかわ》郡（現出雲市）斐川町の仏経山《ぶっきょうざん》の山頂ではないかと推定し、山頂に磐座とおぼしき岩塊をみずから確認している（『出雲と大和』）。つまり、仏経山山頂の磐座こそがプレ出雲大社、元出雲ではないかということである。

仏経山は標高三百六十六メートル、現在の出雲大社から南東へ十五キロほど行った場所にあり、山上からは出雲平野を一望できる。

『出雲国風土記』に記された仏経山とプレ出雲大社

プレ出雲大社としての仏経山の姿は、天平五年（七三三）成立の『出雲国風土記』にも見出すことができる。

仏経山は同書の「出雲郡」の項では「神名火《かむなび》山（神名備山）」と呼ばれているが、この山の条には、次のような記載がある。

> 神名火山。…（中略）…曽支能夜《そきのや》の社《やしろ》に坐《いま》す、伎比佐加美高日子命《きひさかみたかひこのみこと》の社、即ち此の山の嶺《みね》に在り。故《かれ》、神名火山と云《い》ふ。

この記載は文章としては意味がとりづらいが、「曽支能夜社に祀られている伎比佐加美高日子命の社は、山上にあった」と解釈できる。つまり、古代、仏経山の山上に曽支能夜社が鎮座していた

曾枳能夜神社。出雲大社の元宮とも考えられる。

ことを示していると考えられるわけで、そうだとすれば、村井康彦氏の説を踏まえれば、『古事記』に記載されている「出雲の石硐の曾の宮」とは、この曽支能夜社のことであり、そこでホムツワケを饗応した支比佐都美とは、曽支能夜社の祭神・伎比佐加美高日子命をさしている、ということにもなろう。出雲氏の祖である彼は、当然、出雲大神である大国主神の祭祀をも担ったであろう。

曽支能夜社は、『延喜式神名帳』の出雲国出雲郡の項に小社として記載されている「曾枳能夜《そきのや》神社」にあたると考えられる。現在、仏経山の北西麓に鎮座する、伎比佐加美高日子命を祭神とする曾枳能夜《そぎのや》神社が、それである。この素朴な神社は、山上の曽支能夜社が遷座されたものであろう。となれば、それは、「出雲の石硐の曾の宮」=プレ出雲大社の名残りということにもな

三角縁神獣鏡が出土した神原神社古墳。

る。

また仏経山について付言すると、興味深いことに、この山の北東麓には大量の銅剣・銅鐸類がみつかった荒神谷遺跡が、東側の山裾には大量の銅鐸が出土した加茂岩倉遺跡があり、弥生時代の両遺跡は直線距離であれば、山をはさんで三キロほどしか離れていない。プレ出雲大社に納められていたというおびただしい量の「神宝」は、加茂岩倉遺跡・荒神谷遺跡から出土した弥生時代の青銅器類と何らかのつながりをもっているのだろうか。両遺跡になぜ大量の青銅器類が埋納されたのか、この謎についてはさまざまな説が唱えられているが、大きくは、①隠匿・収蔵のため、②宗教的祭祀の一形態、の二説にしぼられるだろう。

すでによく知られていることだが、『出雲国風土記』「大原郡」の項には、これらの遺跡から出土した青銅器類を出雲大社の「神宝」と重ね合わせたくなるような伝承が記されているので、参考までに引いておきたい。

神原《かむはら》の郷《さと》。郡家《こほりのみやけ》の正北九里《さと》。古老《ふるおきな》の伝へて云はく、天《あめ》の下所造《したつく》らしし大神《おおかみ》（大国主神のこと）の御財《みたから》を積み置き給ひし処《ところ》なり。則《すなは》ち神財《かむたから》の郷《さと》と謂《い》ふ可《べ》きを、今の人猶《なほ》誤りて、神原の郷と云ふのみ。

加茂岩倉遺跡は、古代の地理では大原郡神原郷に属する場所である。また、加茂岩倉遺跡から東南に二キロほどの場所にある神原神社古墳からは、景初三年（西暦二三九年）銘のある三角縁神獣鏡《さんかくぶちしんじゅうきょう》をはじめとする数々の副葬品が出土していることも、この古老伝承の信憑性を高めている。

大量の青銅器が出土した弥生時代の荒神谷遺跡・加茂岩倉遺跡と、出雲大社の神宝との関係を論じることは、筆者の手にあまることだが、出雲が歴史的に弥生時代から神宝伝説にふさわしい土壌を有していたことは指摘できると思う。

出雲大社の創祀は垂仁朝か

『古事記』によれば、ホムツワケたちがヤマトに帰り、大国主神を拝したことで皇子が口をきけるようになったことを知った天皇は歓喜し、菟上王を再び出雲に送り出し、「神の宮」をつくらせた（「天皇歓喜《よろこ》びたまひて、すなはち菟上王を返して、神の宮を造《つくろ》はしめたまひき」）。

垂仁天皇は、神託にしたがって、素朴な形態であったプレ出雲大社に、「天皇の御舎」を模して、立派な社殿を——おそらくは場所を現在の社地である杵築《きづき》に移して——造営したということだろう。大国主神の願いをいれて「天皇の御舎」のような神殿を建てるというのは、国譲り神話における、天つ神が隠遁する大国主神の願いを受けて、立派な宮殿を建てることを許したという場面とも、重なって来る。

先述したように、記紀のこの時代の記述をすべてそのまま史実とみなすことは難しいが、これを出雲大社の起源とする見方もある。

平成十二年（二〇〇〇）、出雲大社境内地の発掘調査で、荒垣内から勾玉、臼玉、手捏《てづくね》土器などが出土した。四世紀代の祭具と推測され、遅くともこの時代には境内地で神祭りが行われていたことが明らかとなった。崇神・垂仁の時代を三～四世紀に比定する説もあることを思えば、『古事記』の垂仁朝の神宮造営記事と、境内地の祭祀遺物は符合していることになる。

七世紀なかばには出雲大社は広壮な社殿を有していた

記紀では、垂仁朝をひとつの区切りとして、出雲大社への言及が途絶える。

つぎに出雲大社が登場するのは、だいぶ時代が下った七世紀なかば、斉明《さいめい》天皇の時代である。『日本書紀』斉明天皇五年（六五九）是歳《ぜさい》条に、次のような記事がみえる。

是歳《ことし》、出雲国造《いづものくにのみやつこ》に命《おほ》せて、神の宮を脩厳《つくりよそ》はしむ。

「脩厳」は、「新しく造営する」ではなく「できていたものを修繕する」というニュアンスである。したがってこの一文は、天皇が出雲国造すなわち出雲氏（出雲臣）に、神宮すなわち出雲大社の社殿の修繕を命じたものと解することができる。

「神の宮」を出雲大社ではなく、出雲国意宇《おう》郡の、やはり出雲氏との関わりの深い熊野大社とする説もある。だが、天皇があえて「脩厳」を命じる神社は、神話上では一貫して壮大な社殿をもつ宮としてイメージされてきた出雲大社こそがふさわしいとみるべきではないか。

七世紀なかばには、その高さが社伝のいうように三十二丈かどうかは不明ながら、出雲大社は広壮な社殿を有して、杵築の地に鎮座していたのである。

では、その神殿の奥処に奉安されていたものは、いったい何であったのだろうか。出雲氏の祖神・武日照命が天から持ち来たったという神宝がそこには納められていたのだろうか。記紀は黙してこれを語らない。

多くの神宝の献上をともなった『出雲国造神賀詞』奏上儀礼

出雲大社の神宝伝承をたどるうえで重要な史料が、記紀以外にもうひとつある。それは、『出雲《いずも》国造神賀詞《くにのみやつこかむよごと》』という呪詞である。

出雲大社の祭祀を司る（大化の改新以前には出雲国の首長も兼ねた）出雲国造の職は、アメノホヒ・武日照命を祖神とする出雲氏が代々世襲した。そして、その出雲国造は、新しく就任すると、都にのぼり、数々の神宝や幣物《へいもつ》を献上して、天皇の長寿と回春を祈る『出雲国造神賀詞』を奏上した。

奏上儀礼の次第は平安時代中期の『延喜式』「臨時祭」に記載があり、これによれば、つぎのような非常に大掛かりなものだった。

まず第一年目。出雲国造は上京し、朝廷の神祇官での補任式に参列し、朝廷から「負幸物《おいさちもの》」を賜る。負幸物は金装横刀《こがねづくりのたち》一口《く》、糸二十絢《こ》、絹十疋《ひき》、調布《つきのぬの》二十端《たん》、鍬《すき》二十口《く》である。賜ったら退出し、出雲にいったん帰国し、一年間、物忌み・潔斎を行う。出雲の神の祭司者として一年にわたって斎館に籠もり、心身の清浄を厳重に保つ生活を送ったのだ。

潔斎を終えた後、出雲国造は出雲国の祝部《はふりべ》（神職）を引き連れて再び上京し、朝廷で『出雲国造神賀詞』を奏上する。その際、次のような、おびただしい数の神宝・幣物を献上した。

○玉六十八枚《ひら》（赤水精《すいしょう》八、白水精十六、青石玉三十四）…赤水精は紅色瑪瑙《めのう》、白水精は水晶か白色瑪瑙、青石玉は碧玉《へきぎょく》のこと。
○金銀装横刀《こがねしろがねづくりのたち》一口（長さ二尺六寸五分）
○鏡一面（径七寸七分）
○倭文《しどり》二端（長さ各一丈四尺、広さ二尺二寸）…倭文は梶の木や麻などで青・赤などの縞を織り出した、古代の布。
○白眼鴾毛馬《さめのつきげのうま》一疋《ひき》…鴾毛は馬の毛色の名で、葦毛《あしげ》（栗毛、青毛、鹿毛の原毛色に年齢とともに白色毛が混生してくるもの）でやや赤味を帯びてみえるもの。
○白鵠《しろきくぐい》二翼…白鳥のこと。
○御贄《みにえ》五十舁《よ》（舁別に十籠を盛る）…御贄は、出雲特産の食品か。

瑞獣としての白馬・白鳥と、食物の御贄を除くと、献納物は玉・剣・鏡・布の四種となり、「神宝」という形容がふさわしくなる。崇神朝に出雲から持ち去られた神宝に「玉のような鎮石」と「鏡」が含まれていたことは先述したが、この献納物にみえる玉と鏡は、それらに相当するものなのだろうか。後述するが、献納に際して奏上される『出雲国造神賀詞』では、これらの献上品は「御禱《みほぎ》の神宝」と呼ばれている。ミホギとは、言祝《ことほ》ぎ、祝うことを意味する。つまり、出雲国造は、就任にあたって、出雲の神宝を天皇への祝福の意をこめて朝廷に献上したということになる。崇神朝の故事の再現である。

『出雲国造神賀詞』奏上儀礼の流れ

①次期出雲国造の上京
←
②新出雲国造の誕生…次期国造、朝廷の補任式に参列し、新国造に就任。朝廷から「負幸物」を賜る
←
③帰国…新任の出雲国造は出雲に帰国すると一年間斎館で潔斎
←
④上京…潔斎を終えた出雲国造は再上京し、朝廷の大極殿で「神賀詞」を奏上し、神宝・幣物を献上
←
⑤帰国…出雲国造は帰国し、再び一年間潔斎
←
⑥上京…出雲国造はまた上京し、「神賀詞」の奏上と神宝の献納を行って帰国

献納と奏上を終えると出雲に帰り、再び一年間の潔斎を行う。

潔斎を終えると、神宝・幣物を再び用意して上京し、もう一度献納と『出雲国造神賀詞』の奏上を行う。

こうしてようやく一連の儀礼が終了する。三回の上京、一年間の潔斎を二回、大量の献納物。出雲国造側にとってはきわめて負担の大きい奉仕であったはずである。

『出雲国造神賀詞』に書かれていること

このような大仰な就任儀礼を要した国造は、出雲国造の他には紀伊国造ぐらいだった。また、注目されるのは、出雲国造が膨大な神宝・幣物を献納する以前に、朝廷から大量の「負幸物」を賜わることになっていたことであろう。

出雲を特別扱いするこの儀礼の意図については、後ほど考察するとして、つぎに、奏上された『出雲国造神賀詞』の概要について触れておこう。

賀詞は三段からなり、第一段は、「出雲国造某が、熊野大神櫛御気野命《くしみけぬのみこと》（出雲国造が奉斎していたと考えられる、出雲の熊野大社の祭神。出雲大社の祭神の御饌《みけ》を司る神と考える説もある）・大穴持命《おおなもちのみこと》（オオナムチ、大国主神のこと）の二柱をはじめとする出雲国の百八十六社の神々からの神賀《かみほぎ》の吉詞《よごと》を申し上げます」という前口上である。

第二段では、およそつぎのような神話が語られる。

アメノホヒが天つ神の命によって豊葦原の水穂国に天降りして国見を行い、その復命を受けて今度は御子の天夷鳥命《あめのひなとりのみこと》がフツヌシを副将として下界に派遣し、大穴持命を媚び鎮めて、国土を献上させた。その結果、大穴持命は自身の和魂《にぎみたま》を大和のオオモノヌシという名で三輪山に鎮め、御子のアジスキタカヒコネ、コトシロヌシ、カヤナルミなどの御魂を、それぞれ葛城、雲梯《うなで》、飛鳥などの神奈備《かむなび》（聖なる山）に鎮め、自らは杵築宮（出雲大社）に鎮まった。

記紀の国譲り神話に近い内容だが、大きな相違点もある。記紀神話では、天降りしたアメノホヒは大国主神のもとにとどまって復命をせず、その御子・天夷鳥命（別名に建比良鳥命、武日照命がある）は国譲りに登場しない。つまり、『出雲国造神賀詞』の神話は、記紀とは異なって、出雲氏系の神が国譲りで活躍したことを強調するストーリーとなっているのだ。

第三段は、「皇祖神が『おまえ、アメノホヒは、天皇の治世と寿命の長久を祈願せよ』と命令したことにしたがって、お祝いの儀にお仕えし、神々の表敬の物・臣下の表敬の物として、今ここに神宝（御禱《みほぎ》の神宝）を献上いたします」という言葉にはじまって、言祝ぎの寿詞が続く。

この寿詞には、すこぶる古色を帯びた修辞をまじえて、献上される神宝ひとつひとつが、すなわち玉、横刀、白馬、白鵠、倭文、鏡が詠み込まれている。たとえば、最初はまず玉が登場し、次のように詠われている。

白玉《しらたま》の大御白髪《おほみしらが》坐《ま》し、赤玉《あかだま》の御赤《みあか》らび坐《ま》し、青玉《あおだま》の水江《みづえ》の玉の行相《ゆきあひ》に……

強いて現代語訳すれば「白い玉のような白髪が生えるまで健やかに、赤い玉のような健康な赤らんだお顔を保ち、青い玉のような色をした川の清らかな合流地点のようにみずみずしくなってください」というような感じになろうか。

『延喜式』「臨時祭」に記載された現実の献納物と照合するならば、白玉は白水精（水晶、白色瑪瑙）、赤玉は赤水精（紅色瑪瑙）、青玉は青石玉（碧玉）に符合する。

出雲神の霊力を天皇が摂取するための儀礼か

『出雲国造神賀詞』全体としては、出雲の多くの神々を奉斎する出雲国造が、自己の祖神の神話と来歴を表白し、その神威と献上する神宝の呪力によって天皇を守護することを誓う——という内容になっている。

こうした『出雲国造神賀詞』の内容から、国造新任にともなう奏上儀礼は、出雲の天皇への服属儀礼としてとらえられることが多い。しかし、この儀礼には、安易に服属儀礼として片づけがたい要素も含まれている。

たとえば、奏上と神宝献上に先だって、天皇側から出雲国造に「負幸物」が贈られていることは、そのひとつであろう。

第八十二代出雲国造の千家尊統《せんげたかむね》は『出雲大社』のなかで、負幸物とは「朝廷が出雲の神からの幸を得べく期待して、給うところの表《しるし》の物」であったと主張している。つまり、出雲の『出雲国造神賀詞』奏上と神宝献上は、朝廷からの負幸物の返礼と解することができる。

千家氏は、さらに、こうも述べている。

> この出雲国造の神賀詞奏上が、かくも重大な神事とみなされていた理由は、どこにあったのだろうか。その賀詞がひとり出雲国造の奏する賀詞であるにとどまらず、この賀詞が神賀詞といって、とくに神の字を冠するところからもわかるように、国造の躬を通して、出雲の神が天《すめら》皇《みこと》に奏すのだ、と考えられていたところに、第一の理由が求められるのである。
>
> すなわちこの神賀詞の「神」という字は、たんに神聖という意味の形容詞ではなくて、文字通り神の奏すところの賀詞であったのである。国造が一年間斎《いわ》い奉った出雲百八十六社の神々、とくに熊野に坐しますクシミケヌノミコトと杵築の大宮に鎮坐する大国主神が、天皇に奏す賀詞であったために、朝廷ではこの奏上をとりわけ重視し、大切な神事としていたのである。

『出雲国造神賀詞』奏上儀礼の真意は、大国主神をはじめとする出雲の神の強力な神威を天皇が摂り入れることだったのではないか、ということだろう。

『出雲国造神賀詞』奏上儀礼はいつから行われたのか

『出雲国造神賀詞』奏上儀礼は、いつから行われていたのだろうか。賀詞の古色さから、出雲と朝廷のつながりが強まった、垂仁天皇の時代から連綿と行われていたのではないかと想像したくなるところだが、記紀には『出雲国造神賀詞』奏上儀礼に関する記述がない。

文献上での初出は、『続日本紀《しょくにほんぎ》』霊亀《れいき》二年（七一六）二月十日条となる。

出雲国の国造、外正七位上《げじゃうしちゐじゃう》、出雲臣果安《はたやす》、斎意《ものいみをは》りて神賀《かむほぎ》の事を奏す。

すでに奈良時代である。もちろん、記録がなくても、これ以前に『出雲国造神賀詞』奏上儀礼の開始がさかのぼる可能性は残るが、意外にその歴史は浅い可能性が高い。

先述の村井康彦氏は、慶雲三年（七〇六）に祭祀を司っていた時の出雲国造が出雲国意宇郡の大《だい》領《りょう》（郡の長官）に補任され（『類聚三代格《るいじゅさんだいきゃく》』）、一時失っていた統治権を一部回復したことや、この時期に記紀が編纂されて宮廷に神話伝説に対する関心が高まったことなどが契機となって、『出雲国造神賀詞』奏上儀礼がはじまったのではないかと論じている（『出雲と大和』）。出雲国造は古めかしいパフォーマンスによって出雲の神話世界を再現し、その宗教的権威を宮廷にアピールしようとしたということだろう。

一方、古代史学者の前田晴人氏は『出雲国造神賀詞』奏上儀礼が成立する前段階に、ヤマト王権への服属の証としての神宝献上の儀礼がまずあったとし、霊亀二年になって奏上儀礼が成立したと論じている。

私見では出雲国造による神宝献上の儀礼は六世紀以来の伝統をおびた国魂《くにだま》奉呈に関わる服属儀礼で、旧来の出雲国造が国造補任に際して執行してきた神宝献上の儀礼に、神賀詞の奏上を新たに付加して祭祀儀礼に変質させたのがいわゆる出雲国造神賀詞奏上儀礼であると考えるのである。（『古代出雲』）

ここで想起されるのは、かつて石上神宮の神庫に納められていた神宝が、各地の国魂のシンボルとみなされていた可能性が考えられるということである（第二章79ページ参照）。献納された出雲の神宝は、最終的には石上神宮に納められたのだろうか。

さて、出雲国造による『出雲国造神賀詞』奏上は、史書のうえでは、霊亀二年を初回として、仁《にん》明天皇《みよう》の天長十年（八三三）の国造豊持《とよもち》によるものまで、あわせて八ないし九回を確認することができる（初度の奏上と翌年の再奏上は、あわせて一回とカウントする）。

しかし、その後は、正史の上で確認することはできない。律令制の形骸化とともに国造の就任儀礼も衰退してしまったのだろう。

『出雲国風土記』にも言及されている出雲の玉

『出雲国造神賀詞』奏上儀礼をひととおり説明したところで、この儀礼に登場する「神宝」に改めて焦点をあててみよう。

先ほど触れたように、奏上にあたって出雲国造が朝廷に献納した神宝は、玉・剣・鏡・布の四種にしぼることができる。

このうち、最も重視されたと思われるものは、玉である。神宝を列挙する『延喜式』「臨時祭」ではまず最初に挙げられており（玉六十八枚）、また『出雲国造神賀詞』の寿詞の部分でも玉が最初に言及され、しかも白玉・赤玉・青玉に分けて詳しく述べられているからである。

玉《たま》は美麗な石を砥いだり加工したりしてつくられ、必ず孔があけられる。古代人はそこに紐を通し、玉を環状に連ね、それを身にまとって装身具とした。これがミスマル（御統）である。玉は、その形状と色合いの美しさが好まれたのはもちろんだが、タマシイに通じることから、呪術性・霊性をもつものとして古代人に尊ばれたのである。

「神賀詞」奏上で献上されるこうした玉については、『出雲国風土記』にも言及されているといわれる。

同書の意宇《おう》郡忌部神戸《いみべのかんべ》の条に「国造、神吉詞望《かむよごとほか》ひに、朝廷《みかど》に参向《まゐむか》ふ時に、御沐《ゆあみ》の忌玉《いみたま》作る。故《かれ》、忌部《いみべ》と云ふ」とあり、この部分は「(忌部神戸は)出雲国造が、神賀詞を唱えに朝廷に参上するとき、潔斎(御沐)に用いる聖なる玉(忌玉)を作る地で、だから忌部という」と一般には解釈されている。しかし、古代史学者の菊地照夫氏は、原文の「御沐」を「御祈」の誤写と推定し、「御沐の忌玉」ではなく「御祈《みほぎ》の忌玉」、すなわち「神賀詞」奏上儀礼の際に献上された神宝としての玉と解している(『古代王権の宗教的世界観と出雲』)。すでに触れたように、「神賀詞」には、「御禱《みほぎ》の神宝」という表現が出てくる。

なお、「御沐」ではなく「御祈」だとしても、「神賀詞」奏上にあたって禊が行われていたことについては、他に典拠がある。『出雲国風土記』の仁多《にた》郡三澤(または三津)郷条には、「この地に大国主神(大穴持命)が体を清めた湧き水があり、出雲国造は神吉事を奏上するために朝廷に参向するとき、この湧き水で身を浄めた」とあるからである。

出雲は玉の貴重な産地だった

忌部神戸は、天皇に献上される「ミホギの玉」の生産地、玉作りの地であった。「ミホギの玉」は、『古語拾遺《こごしゅうい》』において、東征を終えた神武天皇が祭祀具を造らせる場面にみえる「ミホキの玉」と、同じものであろう。

櫛明玉命《くしあかるたまのみこと》が孫《うまご》は、御祈玉《みほきたま》 古語に、美保伎玉《みほきたま》といふ。言ふこころは祈禱《ほき》なり。を造る。其の裔《すゑ》、今出雲国に在り。年毎に調物《みつきもの》と共に其の玉を貢進《たてまつ》る。（「造祭祀具の斎部」の段）

『古語拾遺』においては、櫛明玉命は忌部《いんべ》氏の祖神天太玉命《あめのふとだまのみこと》に率いられる神としてまず登場し、「出雲国の玉作の祖」とされ、アマテラスの天石窟《あめのいわや》の場面では、大神を招き出す祭儀のための「八坂瓊《やさかにの》五百箇御統《いおつのみすまる》の玉」、すなわち三種の神器のひとつを作っている。この神の孫が、神武天皇の時代にミホギ（ミホキ）の玉を祭具としてつくり、さらにその末裔は出雲国に移り住んだ。ちなみに、『古事記』では、この玉（八坂瓊五百箇御統の玉）をつくるのは、玉祖連《たまのやのむらじ》の祖とされる玉祖命《たまのやのみこと》であり、『日本書紀』神代上・第七段の一書第三では天明玉《あまのあかるたま》である。櫛明玉命、玉祖命、天明玉は、同神と考えることができよう。

『古語拾遺』にもとづけば、「神賀詞」奏上儀礼で出雲国造が玉を献上するのは、こうした神武朝の

出雲玉作跡。『出雲国風土記』の「忌部神戸」と考えられ、古墳時代からこの場所で玉作りが行われていた。

故事に由来している、というわけである。

そして、忌部神戸とは現在の松江市玉湯《たまゆ》町付近とされ、この地では古墳時代から実際に玉作りが行われていたことが、遺跡（出雲玉作跡《いずもたまつくりあと》）の調査から判明している。

出雲玉作跡からは、勾玉・管玉・切子玉・丸玉など各種の玉類、それらの未成品、玉砥石《たまといし》などが多数発見されていて、碧玉・滑石製の石製品やガラスの製作なども行われていたらしい。昭和四十四年（一九六九）・四十六年の調査では、古墳時代およびこれ以降の玉作工房址が多数検出され、工房址群の存在が確かめられている。近くには、櫛明玉命を祀る玉作湯《たまつくりゆ》神社が鎮座している。

この一帯の東北には、地下に碧玉や瑪瑙、水晶の岩脈があり、その産出地として有名な花仙《かせん》山《ざん》（標高百九十九メートル）がそびえている。『出

出雲の玉作氏の祖神・櫛明玉命を祀る玉作湯神社。

雲風土記』では「玉作山」と呼ばれているこの山は、全国で唯一、青・赤・白、三色すべての瑪瑙が採掘できる貴重な土地であり、昭和戦後まで石の採掘が行われていた。つまり、白玉・赤玉・青玉の希少な産地であり、なかでも青い瑪瑙は「出雲石」と呼ばれる。

忌部神戸は、玉作りに格好の土地であった。

そして、この地で玉作りの職を担ったのが、櫛明玉命を祖神とする出雲の玉作氏であり、この氏族は、朝廷祭祀を司った中央忌部氏の支族でもあったと考えられる。

『古代王権の宗教的世界観と出雲』によれば、考古学的な成果を踏まえれば、忌部神戸での玉作りが本格化したのは欽明朝の六世紀なかばからであり、これ以前は各地で玉作りが行われていたが、以後は、玉作りが行われたのは出雲だけになったとみられるという。六世紀後半からは、出雲は、ヤマト朝廷唯一の玉生産地となったのである。

宮中祭祀でも呪具となった出雲の玉

忌部神戸の玉作氏が生産した「ミホギの玉」は、『出雲国造神賀詞』奏上儀礼で献上されるものだけではなかった。じつは彼らは、毎年、朝廷に大量の玉を調進していた。

『延喜式』巻第三「臨時祭」には、次のような文がある。

凡《およそ》出雲国の進《たてまつ》る所の御富岐玉《みふきだま》六十連《つら》は、三時の大殿祭《おおとのほがひ》の料に卅六連《つら》、臨時に廿四連。毎年十月以前に意宇郡の神戸の玉作《たまつくり》氏をして造《つく》り備《そな》へしめ、使《つかひ》を差《つかは》して進上《たてまつ》らしめよ。

「御富岐玉」とは「ミホギの玉」と同義であろう。

毎年、出雲の忌部神戸で玉作氏により六十連作られたミホギの玉は、おもに、年に三回行われた「大殿祭」で用いられたという。

大殿祭とは何であろうか。

これは宮中祭祀のひとつで、端的にいえば、天皇の住まう宮殿に災異がないように祈り鎮める祭りである。天皇親祭の例年の重要神事である、六月・十二月の神今食《じんこんじき》と十一月の新嘗祭《にいなめさい》の前後に行われ、臨時では宮殿の新築・移居や斎宮《さいくう》・斎院の卜定《ぼくじょう》のあとなどに行われた。その由来は『古語拾遺』にみえ、神武天皇即位の際、天富命《あめのとみのみこと》が諸々の斎部《いんべ》（忌部）を率いて神器の鏡・剣を正殿に安置し、また玉を懸け、殿祭《おおとのほかい》の祝詞を奏したのがはじまりだという。天富命とは、忌部氏の祖神・天太玉命の孫にあたる。この由来は、古代の宮中祭祀のほとんどが中臣氏を中心に行われていたなかで、大殿祭だけは忌部氏を中心として行われたことの説明ともなっている。そしてこの祭りに用いる玉を調進したのが、忌部氏と強いつながりをもつ、出雲の玉作氏であった。

その祭儀次第は『延喜式』巻第一「四時祭上《しいじさい》」にみえるが、その核心は、『古代王権の宗教的世界観と出雲』によれば、次の三つにしぼることができるという。

①忌部が御殿の四隅に玉を懸ける。
②御巫《みかんなぎ》（巫女）が殿内の四隅に米・酒・切木綿を撒く。
③忌部が巽（南東）に向かって微声で祝詞を申す。

同書は、この祭儀の性格について、「天皇の日常の居所である御殿（＝大殿）の建物の霊威を再生するための儀礼」とし、こう述べる。

この祭儀は、新嘗祭・神今食という天皇自らが中和院神嘉殿において行なう神事の間に、忌部が天皇の日常の居所を祭るというものである。神嘉殿における神事では、天皇の霊威の再生が行なわれるのに対し、大殿祭では天皇が日常住まう建物の霊威が再生されるのである。

御殿の四隅に懸けられた玉は、御殿の霊威を象徴し、かつその霊威を高める呪具として機能したのだろう。そしてこの玉に用いられたのが、出雲から調進されたミホギの玉であった。

このことは、出雲のミホギの玉、すなわち出雲の神宝には神秘的な強い霊力があるという観念が、ヤマト朝廷の側に古来、浸透していたことを物語っている。

出雲大社の御神体は「玉」か

このようなことからすれば、『出雲国造神賀詞』奏上儀礼において天皇に献納されたミホギの玉に対しても、大殿祭の場合と同じように、強い呪能が期待されたのであろうことが推測できる。

神話学者の松前健は、石上神宮の鏡・剣・玉・布からなる〈十種の神宝〉が天皇に霊力を付与する鎮魂法（タマフリ）に用いられたという伝承を援用しつつ、『出雲国造神賀詞』奏上儀礼のルーツは神宝を呪具として用いたタマフリ呪術ではなかったか、と指摘している。そして、奏上式の原像は、出雲国造が新たに就任したとき、自分自身の回春と長寿のために出雲の地で行われたタマフリ呪術であり、それが後に天皇に対する服属・奉祝儀礼に転化したのだろうと推測している（『出雲の

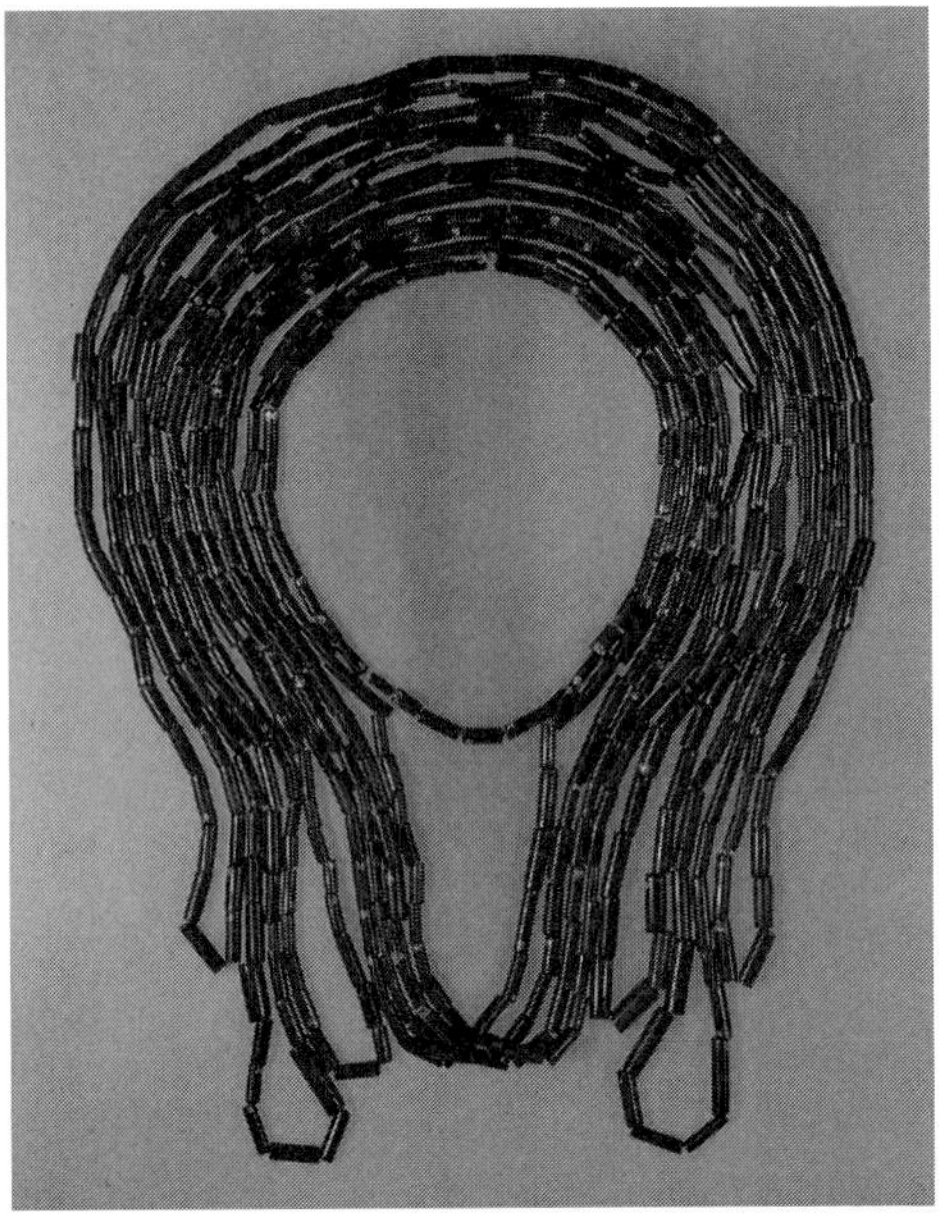

兵庫県尼崎市の国指定史跡田能遺跡の弥生時代の墓から出土した碧玉製管玉でできた首飾り。いわゆるミスマルにあたる。(写真＝尼崎市教育委員会)

神話」、上田正昭編『出雲の神々』所収)。

鎮魂法としてのタマフリとは、端的にいえば、第三章で触れたように、呪文を唱えながら呪具を揺り動かして霊魂を活性化させる呪術である。

奏上儀礼で現実に献納されたのは出雲の忌部神戸で新調された玉ではあったが、それは朝廷側からすれば、霊威ある出雲の神宝であり、武日照命が高天原から将来し、出雲大社に納められていた、聖なるミホギの玉と同格視されるものであった。

そして、忌部神戸で玉作氏が生産したのは、朝廷向けのものばかりではなかったはずである。出雲国造や出雲大社への献上品も当然、製作したはずである。

出雲国造家は、南北朝時代に千家家と北島家に分裂したが、その一方である北島家には、伝世の重宝として「美須麻流《みすまる》の玉」というものがある。これは上古、『出雲国造神賀詞』奏上儀礼の際に、国造が神服の胸飾りに用いたものと伝えられ、大小千四百五十二箇の玉(曲玉ではない)を絹糸で貫いてつなげたものであり、材質は水晶・瑪瑙・瑠璃・珊瑚・黄金・琥珀などであるといい、その貴重な写真が村田正志編『出雲国造家文書』の口絵に掲載されている。これは年代は不明ながら、当然、出雲の玉作氏の製作にかかるものであろう。

そうなれば、出雲大社にもこのような美しい玉が献上されていたとしても、全く不思議ではない。

そして、ここで思い出してほしいのが、本章の冒頭で紹介した、「七宝の筥」である。平安時代中期の『左経記』によれば、出雲大社の御神体は「七宝の筥」であり、七宝といえば、ふつうは金・銀・瑠璃・玻璃・硨磲《しやこ》・瑪瑙《めのう》・珊瑚をさす。これは、北島家の「美須麻流の玉」とも重なる構成である。

ということは、出雲大社の御神体とは、忌部神戸で玉作氏が出雲石で制作した、ミスマルの玉、ミホギの玉なのではないか――というのが、筆者の推理である。

そして、その玉には、さまざまなイメージが重ね合わされたはずである。

隠退した大国主神が身にまとった玉、武日照命が天から将来した神宝、崇神天皇が希求した出雲の神宝……。

つまり、それは大国主神と出雲氏のシンボルであった。

*

さらにいえば、皇室の三種の神器のひとつである八坂瓊曲玉《やさかにのまがたま》とは、出雲で玉作氏が製作したミホギの玉そのものではないか、という思いも浮かぶ。神話（『古事記』『日本書紀』『古語拾遺』）の上で、八坂瓊曲玉を作ったのは、出雲の玉作氏の祖神である櫛明玉命であったことは、そのことをはからずも証言しているのではないか——。

第五章

日前神宮・国懸神宮の日像鏡と日矛

9 紀伊国の二つの神宮

和歌山県のJR和歌山駅前から東へ十分ほど歩くと、市街地を貫く国道の右手に、濃い緑の森があらわれる。紀伊国一宮として知られる古社、日前神宮・国懸神宮（和歌山市秋月）の社叢である。

社号は、正式には「ひのくまじんぐう・くにかかすじんぐう」と読む。もっとも地元では「ニチゼン様」「ニチゼン宮」と呼ばれることも多く、歴史的にも「日前宮《にちぜんぐう》」がこの神社の通称になっている。しかし、この神社はひとつの社なのではない。あくまでも「日前神宮」と「国懸神宮」という別個の二社から成り立っていることになっていて、またどちらかが一方の摂社・末社という関係ではなく、双方は互いに同格の立場にある。

そのことは実際に参詣してみればよくわかる。社頭の鳥居はひとつだが、森に覆われた境内は、中央を通る参道を境に、東と西にきれいに二分されていて、東側が国懸神宮、西側が日前神宮の境内になっており、それぞれの奥に、神殿が南面して建っている。これは、神社としては非常に珍しい形態である。

ところで、日前・国懸と書いてなぜヒノクマ・クニカカスと読むのだろうかという疑問は、多くの人が抱くだろうが、この問題についてはのちほど触れるとして、まず祭神をみてみよう。

両宮の祭神は、現在のところ、それぞれ次のようになっている。

日前神宮・国懸神宮。

日前神宮は日前大神を祀り、相殿《あいどの》の神として思兼命《おもいかねのみこと》と石凝姥命《いしごりどめのみこと》を祀る。

国懸神宮は国懸大神を祀り、相殿の神として玉祖命《たまやのみこと》、明立天御影命《あけたつあめのみかげのみこと》、鈿女命《うずめのみこと》を祀る。

つまり、主祭神は、それぞれ日前大神、国懸大神ということになる。

そして歴史的には、両神宮は、木（紀）国（のちに紀伊国）を本拠とし、紀伊国造《くにのみやつこ》に任じられた豪族・紀《き》氏（紀直《きのあたい》、紀伊国造《きいのくにのみやつこ》家）によって古来奉斎され、現在もこの名門一族が宮司を務めている。紀伊国造家は、奈良・平安時代にはその交替に際して上京・報告することが義務づけられており、出雲《いずも》国造《こくそう》家と並ぶ、別格の国造家としての扱いを受けていた。

伊勢の神鏡の試作品を御神体として天照大神の前霊を祀る

日前大神、国懸大神とは一般にはあまり聞きなれない神名だろうが、これらの神々ははたして、いかなる由緒をもつ神なのだろうか。

現在、神宮が頒布している略記には「日前宮は紀伊之国一之宮にして天照陽乃大神《あまてらすひのおおかみ》を祀る。日前国懸大神はその御別名」「日前大神国懸大神は、天照陽乃大神の前霊《さきみたま》」とある。日前大神、国懸大神とは天照大神《あまてらすおおみかみ》（天照陽乃大神）の別名、あるいは前霊だというのである。

「前霊」とは、どういうことだろうか。

これは、両宮の御神体が、アマテラスの御霊代《みたましろ》つまり伊勢神宮の御神体であり、「三種の神器」のひとつでもある八咫鏡《やたのかがみ》――それは、『古事記』によれば、アマテラスが「私の御魂《みたま》として祀りなさい」と天孫邇邇芸命《ににぎのみこと》に命じて授けた神鏡である――に先んじて鋳られたものであるとする神話伝承に拠っている。くだけた言い方をすれば、「日前神宮・国懸神宮の御神体は、伊勢神宮の御神体の試作品である」という感じになろうか。

では、日前神宮・国懸神宮の御神体とは、具体的には何なのだろうか。

神宮側の説明によれば、日前神宮は日像鏡《ひがたのかがみ》を、国懸神宮は日矛鏡《ひぼこのかがみ》をそれぞれ御神体としているという。

以上の情報を整理して図式化すれば、つぎのようになる。

江戸時代の日前神宮・国懸神宮。境内が二つに分かれている。『紀伊国名所図会』二編四之巻下より。

天照大神の前霊
├ 日前大神↓日像鏡を御神体とする…日前神宮
└ 国懸大神↓日矛鏡を御神体とする…国懸神宮

両神宮は、広義ではともにアマテラスを祀り、祭神を同じくするが、日前神宮は日像鏡を御神体とし、国懸神宮は日矛鏡を御神体とし、それぞれ御神体が異なるので、厳密にいうと祭神も区別される。すなわち、日前神宮は日像鏡を御霊代とする日前大神を祀り、国懸神宮は日矛鏡を御霊代とする国懸大神を祀る——ということになる。

鏡を御神体とする神社は別に珍しくはないが、この両神宮の鏡が、三種の神器のひとつと関連づけられて格別な価値をもっていることは、先に記した通りである。

また、両宮は古来、神階を贈られることがなく、歴代天皇を通じて一代一度の大奉幣にあずかったが、この事実は、両宮が、伊勢神宮とならんで朝廷から特別扱いを受ける別格の神社であったことを物語っている。つまり、准皇祖神的な扱いを受けて来たわけである。両宮がいつのころからか「神宮」と呼称されるようになっていたことも、そのことを傍証している。

そして、こうした国家的な崇敬を受けたことは、ひとえに、両宮の御神体が皇祖神アマテラスの「前霊」であるという伝承にルーツをもっているのだ。

ただし、史料をひもとくと、国懸神宮の御神体を、「日矛鏡」ではなく、「日矛」とするものもみられる。たとえば、江戸時代後期の『紀伊国名所図会』は、日前神宮は御鏡を、国懸神宮は日矛を御霊代とし、ともに「天照大神の前霊」を祀るとしている（二編四之巻）。

また、現在では不二一体の関係にある日前神宮と国懸神宮だが、はたして当初からそういう関係にあったのか、そしてまた、なぜ並立することになったのだろうか、という疑問も生じる。

そもそも、両宮の御神体が神宝である八咫鏡の試作品にあたるという神話的伝承は、どこまで史実として確認することができるのだろうか。

『日本書紀』にみえる日前神の伝承

日前神宮・国懸神宮の神鏡についての基礎文献となるのは、二つの古典である。

とはいえ、それぞれはきわめて断片的で、いまひとつ要領を得ない書きぶりになっている。

ひとつ目は『日本書紀』だ。

有名な天石窟《あまのいわや》の箇所の一書《あるふみ》のひとつ、正確に言うと、神代上・第七段一書第一に、「日前神」の名があらわれる。

（天照大神が天石窟に入って磐戸を閉ざしたため、天下が真っ暗闇になると）八十万《やそよろず》の神が天高市《あまのたけち》（天上界の小高い場所）に集まって相談した。そのとき、高皇産霊尊《たかみむすひのみこと》の御子で思慮にすぐれた思兼神《おもいかねのかみ》が、考えをめぐらしてこう言った。

「大神の御姿をかたどり造って、招き出しましょう」

そこで石凝姥命《いしごりどめのみこと》を鍛冶として、天香山《あめのかぐやま》から金を採り、日矛を造らせた。また、鹿の皮を丸剝ぎにしてフイゴを作った。これを用いて造り奉った神は、すなわち紀伊国に鎮まります日前神《ひのくまのかみ》である。

（故《かれ》、八十万の神を天高市に会《かむつどへつど》へて問はしむ。時に高皇産霊の息《みこ》思兼神といふ者有り。思慮《おもひたばかり》の智《さとり》有り。乃《すなは》ち思ひて白《まう》して曰《まう》さく、「彼《そ》の神の象《みかた》を図《あらは》し造りて、招禱《を》き奉らむ」とまうす。故、即ち石凝姥《いしこりどめ》を以て冶工《たくみ》として、天香山の金を採りて、日矛を作らしむ。又真名鹿《まなか》の皮を全剝《うつはぎには》ぎて、天羽鞴《あまのはぶき》に作る。此《これ》を用《も》て造り奉《まつ》る神《みかた》は、是《これ》即ち紀伊国に所坐《ましま》す日前神なり。）

天照大神が石窟にこもったとき、大神の姿をかたどったものをつくって神を招こうということになった。石凝姥命が鍛冶となってまず日矛をつくり、次に鹿の皮でフイゴ（天羽鞴《あまのはぶき》）をつくり、このフイゴを用いてつくった。これが紀伊国の日前神なのだという。ここで、「紀伊国の日前神」が、

天照大神を招き出すために、矛と鏡を作る石凝姥命。『紀伊国名所図会』二編四之巻より。

日前神宮・国懸神宮両宮をさしているのか、それとも日前神宮のみをさしているのかは、この記述だけでは判断できない。両方の可能性が考えられる。

さて、天照大神が太陽の神格化であることを考えれば、「大神の姿（彼の神の象）をかたどったもの」が、太陽光を反射する鏡のことを暗示していることは明らかだろう。

しかし、『日本書紀』原文をみると、石凝姥命（石凝姥）がまずつくったのはあくまで「日矛」であって鏡ではなく、また次に彼女はフイゴを用いて何かをつくるわけだが、それが具体的に何なのかが、はっきり書かれていない。ただし、文脈からすれば、鏡であろうという推測は可能だ。そしてそれが日前神として祀られたという説明でこの場面は終わっているので、一書第一においては、石凝姥命はアマテラスの御霊代である八咫鏡を結局はつくらなかったことになる。一書第三をみると、八咫鏡を石凝姥命（石凝戸辺）がつくったと言及されているが、日前神への言及はない。

なお、フイゴとは『大辞林』によれば「金属の精錬・加工に用いる火を起こすための送風器」だが、この『日本書紀』の場合にみえるフイゴ（羽鞴）は、皮で作られた風を吹きおこす道具のことであるという（岩波文庫版『日本書紀』の校注より）。ちなみに、足で板などを踏んで風を起こすしかけになっている大きなフイゴが、タタラである。

また、参考までに付記しておくと、天石窟の場面において、『日本書紀』本文では、石凝姥命は登場せず、太玉命《ふとだまのみこと》が捧げ持つ榊の枝に掛けられた八咫鏡《やたのかがみ》が誰によって鋳られたのかについては言及がない。

一方、『古事記』には、八咫鏡（八尺鏡）について、「天金山《あめのかねやま》の鉄を採り、鍛冶の天津麻羅《あまつまら》を捜し出し、イシコリドメに命じて鏡を作らせた（天金山の鐵《くろがね》を取りて、鍛人《かぬち》天津麻羅を求《ま》ぎて、伊斯許理度売命に科《おほ》せ鏡を作らしめ）」とあって石凝姥命が鏡を鋳たことになっているが、日矛や日前神に関する言及はない。ただし、この文章では、捜し出された天津麻羅が具体的に何をしたのかがはっきりわからない。

古代の鏡は鉄ではなく銅でつくられるものであり、一方、矛には銅矛・鉄矛もある。したがって、元の神話では、「天津麻羅は天金山の鉄から矛をつくった」と語られていたものの、矛云々のところが文章では欠落してしまった、と解釈することもできるのではないか。江戸時代中期の国学者・本居宣長《もとおりのりなが》は『古事記伝』のなかで、「鍛人《かぬち》天津麻羅を求《ま》ぎて」の後に「矛を作らしめ」と記されてあったのが、脱落してしまったのではないかと指摘している。

『古語拾遺』における日像鏡伝承

ふたつ目の基本史料は『古語拾遺《こごしゅうい》』である。『古語拾遺』は、第一章でも触れたが、大同二年（八〇七）に朝廷の祭祀を古来司って来た斎部《いんべ》（忌部）氏の斎部広成《ひろなり》によって撰上されたものだ。祭祀の根源を記すことを趣旨として神代以来の歴史を記すが、記紀にはみられない神話・古伝承を多く含むことから、記紀に準じて貴重な古典となっている。日前神に関する記述も、そうした記紀にはみられない伝承のひとつで、天石窟の場面には、つぎのようなことが書かれている。

ここで思兼神の考えにしたがって、石凝姥神が太陽に日像鏡《ひのみかたのかがみ》（太陽にかたどった鏡）を鋳た。しかし、はじめに鋳たのは、いささか石凝姥神の心にかなわなかった。これが紀伊国の日前神である。次に鋳たのは、その形が美しかった。これが伊勢大神である。

（是に、思兼神の議《はかりごと》に従ひて、石凝姥神をして日の像《みかた》の鏡を鋳しむ。初度《はじめ》に鋳たるは、少《いささか》に意《こころ》に合《かな》はず。是、紀伊国の日前神なり。次度《つぎ》に鋳たるは、其の状美麗《かたちうるは》し。是、伊勢大神なり。）

石凝姥命（石凝姥神）が鋳たものが「日像鏡（太陽にかたどった鏡）」、つまり鏡であることが、明記されている。

ところが、鋳たものは彼女には満足できない出来栄えだった、つまりは失敗作だったため、もう一枚鋳た。それは麗しい形をしていた。そして、この成功作の鏡が、太玉命の捧げ持つ榊に取り掛けられ、アマテラスを石窟から招き出すことに用いられるのである。

そして、ここが重要なのだが、最初に鋳られた失敗作の鏡は、現在（『古語拾遺』が編纂されている時点）、紀伊国の日前神として、つまり日前神宮（これも、前項で指摘したように、日前神宮・国懸神宮両宮をさしているのか、それとも日前神宮のみをさしているのかは不明である）に御神体として祀られており、一方の二度目に鋳られた美しい鏡は伊勢大神として、すなわち伊勢神宮に御神体として祀られているのだという。後者は伊勢内宮の八咫鏡を指している。

しかし、先の『日本書紀』神代上・第七段一書第一と比較してみると、同書で石凝姥命が鋳たという「日矛」については『古語拾遺』になんら言及がなく、そのため、『日本書紀』の「日矛」と、『古語拾遺』の「日像鏡」との関係がはっきりしない。

『先代旧事本紀』における日矛・日像鏡伝承

そんな「日矛」と「日像鏡」の関係を、明瞭に説明しようとする史料もある。それが、第三章で再三引用した『先代旧事本紀《せんだいくじほんぎ》』である。

同書の巻第三「神祇本紀」には、

石凝姥命は鹿の皮でフイゴをつくり、天金山の銅を採取して日矛をつくった。ところが、この鏡は出来栄えがよくなかった。これが、紀伊国に坐す日前神である。そこで、今度は天香山の銅を使って日像鏡を作った。これは麗しい形をしていたが、窟戸にふれて小さな瑕《きず》がついてしまった。その瑕はいまもなおある。これが伊勢にまつられている大神、つまり八咫鏡である。


といったことが記されている。

ここで注意したいのは、石凝姥命が作った日矛が、文章の流れのなかで「鏡」と言い換えられている点だ（「また天金山の銅を採りて、日矛を鋳造《いつくら》しむ。此の鏡少《いささ》か意《みこころ》に合《かな》はず」）。つまり、「日矛」とは鏡のことだというのである。

それは、ヒボコという名称の鏡だというのであろうか。それとも、矛の先端に太陽のように光り輝く鏡をつけたもの、つまり「矛＋鏡」が「日矛」だというのであろうか。ここは想像をたくましくするしかないか、いささか理解に苦しむところである。

江戸時代の天保十年（一八三九）完成の『紀伊続風土記』は、この説を受けてか、「矛とは柄のある鏡をいふなるへし」とある（巻之十三）。

ともあれ、『先代旧事本紀』によれば、石凝姥命が最初につくったのが日矛鏡であり、次につくったのが日像鏡ということになるのだが、ここでまた疑問が生じる。

同書によれば、日矛鏡は日前神宮に祀られているが、日像鏡は伊勢神宮の御神体すなわち八咫鏡であるという。これでは、日像鏡を日前神宮の御神体とする『古語拾遺』の記述と、矛盾が生じてしまっている。また、『日本書紀』神代上・第七段一書第一では、日矛は「天香山の金」からつくられたことになっているが、『先代旧事本紀』は「天金山の銅」から日矛をつくったとしていて、ここにも違いがみられる。

『先代旧事本紀』は九世紀後半の成立とするのが通説で、『日本書紀』はもちろん、『古語拾遺』よりも、その成立は遅い。『先代旧事本紀』の編纂者は、『日本書紀』の日矛を『古語拾遺』の日像鏡と無理に結びつけようとしたために、このような齟齬や矛盾が生じてしまったのではないか。

日矛は鏡か矛か

本居宣長も日矛を鏡とする『先代旧事本紀』の記述に異を唱えていて、

日矛は矛の名なるを、旧事紀に鏡と為《し》て、「日矛を鋳造《いつく》らしむ、此の鏡少く意に合わず云々」と云るは、いたくひがことなり。…（中略）…かの古語拾遺に「日像之鏡を鋳しむ、初めの度に

鋳る所少く意に合わず」とあるを引合せて、強て此の日矛に当たる偽説なり。(『古事記伝』八之巻)

と記している。つまり日矛を鏡とするのは、『古語拾遺』の記述にひきずられた『先代旧事本紀』の謬説《びゅうせつ》(間違った説明)だというのである。さらに宣長は、日矛は、天石窟の前で踊ったアメノウズメが手にしていた矛のことではないかと指摘している(『日本書紀』神代上・第七段本文に「天鈿女命《あめのうずめのみこと》、則ち手に茅纏《ちまき》の矟《ほこ》を持ち」、『古語拾遺』に「手に鐸《さなき》着けたる矛を持ちて」とある)。

現在の日前神宮・国懸神宮は、日矛=鏡説をとって、国懸神宮の御神体を日矛鏡としているようだが、『日本書紀』によれば日矛はあくまで矛であって鏡ではない。また、先に挙げた『江戸名所図会』も、国懸神宮の御霊代を日矛としている。

日矛を鏡とみるか否かについては、この他にも史料によって見解のゆらぎがある。

鏡と矛の問題については後ほど改めて論じたいが、結局このように、古代の文献においては、石凝姥命が鋳たという日矛そして日像鏡と、日前神の関係については断片的な記述しかなく、しかも、それぞれの内容をつきあわせると、矛盾も見受けられる。

また、現在の日前神宮・国懸神宮において日前神と対の関係にある国懸神について、これらの古代文献になんら言及がないのも、気にかかる点である。少なくとも、神話上では、国懸神、国懸神宮は無視されていることになる。

ただし、日前神が、天照大神あるいはその御霊代である八咫鏡と浅からぬ因縁で結ばれていることはと――具体的にいえば、八咫鏡を鋳る前に鋳られた鏡もしくは矛が日前神宮の御神体であるという伝承が存すること――は、『日本書紀』『古語拾遺』『先代旧事本紀』のいずれからも、読み取ることができる。

なお、『先代旧事本紀』には「鏡は窟戸にふれて小さな瑕がついた」云々という気にかかる表現があるが、『日本書紀』に、これの典拠となったとみられる記述がある。先に触れた天窟戸の箇所（神代上・第七段）の一書第二に、「天照大神が窟戸を少し開けたとき、鏡が石窟に入れられ、そのとき、戸に触れて小さな瑕ができた」とする記述があるのだ。しかも「其の瑕、今に猶存《うせず》。此即ち伊勢に崇秘《いつきまつ》る大神なり」とある。伊勢の八咫鏡には、天石窟戸に触れたときにできた、小さな瑕が残っている、ということになる。

日前神宮・国懸神宮は七世紀には別格視されていた

ところで、前記した、『日本書紀』『古語拾遺』『先代旧事本紀』といった古典類には、両神宮の御神体についての記述はあっても、鎮座そのものに関する伝承はみられない。

日前神宮・国懸神宮の歴史は、史実としてはどこまでさかのぼることができるのだろうか。

両神宮に関する最古の歴史的記録は『日本書紀』天武《てんむ》天皇の朱鳥《しゅちょう》元年（六八六）七月五日条で、「紀伊国に居《まし》ます国懸神・飛鳥の四社・住吉大神」に奉幣《ほうへい》したと書かれている。「日前神」ではなくて「国懸神」と書かれている点が気になるが、これは日前神宮・国懸神宮のことを指していると一般に考えられており、この時代にはすでに国家的な祭祀を受ける有力な神社として崇敬されていたことがわかる。

「大同元年（八〇六）牒《ちょう》」（『新抄格勅符集《しんしょうきゃくちょくふしゅう》』所収）には、紀伊国の日前神に五十六戸、国懸神に六十戸の神封《しんぷ》（神社の所領）が寄進されたことが記録されている。また、元慶三年（八七九）成立の『日本文徳《もんとく》天皇実録』の嘉祥《かしょう》三年（八五〇）十月二十日条に、紀朝臣貞守が「紀伊国の日前国懸大神社」に向かい、天皇の言葉を伝えたとある。これらの記述は、平安時代初めの九世紀にはすでに日前神宮・国懸神宮が並立した状態で存していたことを示している。

平安時代中期（十世紀前半）成立の『延喜式神名帳《えんぎしきじんみょうちょう》』には、紀伊国名草《なぐさ》郡の項の筆頭に、

日前神社　名神大《みょうじんだい》。月次《つきなみ》・相嘗《あいなめ》・新嘗《にいなめ》。
国懸神社　名神大。月次・相嘗・新嘗。

と併記されていて、日前神宮・国懸神宮が、古代律令制下において、名神大社として祈年祭・月次祭・相嘗祭・新嘗祭の奉幣にあずかる、別格の神社として扱われていたことがわかる。

このような両宮への丁重な扱いは、『日本書紀』天石窟神話の一書の所伝が象徴するように、両宮とりわけ日前宮の御神体（日前神）が、天石窟神話を介して、皇祖神である天照大神と結びつけら

れて信奉されていたことを、傍証するものであろう。

つまり、日前神は天照大神の「前霊」という扱いを、かなりはやい時期から、遅くとも七世紀後半の天武朝から、現実に受けていたと考えられる。

その背景には、古代の有力豪族としての紀氏の存在もあったであろう。

『大倭本紀』の天懸神・国懸神伝承

日前神宮・国懸神宮の古史を語るうえでは、もうひとつ見逃せない文献がある。

それは『大倭本紀』である。

もっとも、この書物は現存しておらず、内容の詳細や成立年代、編者などは不明である。だが、鎌倉時代中期に卜部兼方《うらべかねかた》によって著された『日本書紀』の注釈書『釈日本紀《しゃくにほんぎ》』に引用されていて、しかもそこに日前神に関する重要な言及がみられるのだ。

同書の「日前神」に付された注釈をみると、「大倭本紀に曰く」として、「天孫が天降ったとき、ともに斎鏡《いわいのかがみ》三面と子鈴一合を副《そ》えて護らせた」とあり、さらに「注に曰く」として、次のようなことが記されている。

一つの鏡は天照大神の御霊で、名は天懸神《あめかかす》という。もう一つの鏡は天照大神の前御霊で、名を国懸大神という。今、紀伊国名草宮《なぐさのみや》が崇め敬いわかち祀る大神である。もう一つの鏡と鈴は、天皇の御饌《みけ》（食物）の神と、朝夕の御饌の夜の護り日の護りとして斎《いつ》き奉る大神である。今、巻《まき》向《むく》の穴師《あなし》社の宮所にいましてわかち祀る大神である。

「名草宮」とは、名草郡に鎮座することによる日前神宮・国懸神宮の異名である。つまり、日前神宮・国懸神宮には、天孫降臨時に天照大神から授けられた鏡をそれぞれ御神体として、天照大神の霊である天懸神と、天照大神の前霊である国懸神が祀られたというのだ。当然、国懸神は国懸神宮の祭神であるので、もう一方の天懸神とは、日前神のことをさしているとみるべきだろう。

なお、「天懸神」を、「天照大神の御霊」とあることから、伊勢の天照大神すなわち八咫鏡ととる説もある。しかし、文脈からすると、八咫鏡を含む三種の神器は、「斎鏡三面と子鈴一合」とは別個に天孫瓊瓊杵尊《ににぎのみこと》に授けられていたと読むべきであり、天懸神を伊勢の祭神と結びつけることには無理があろう。

ちなみに、幕末の『紀伊続風土記』は、この『大倭本紀』の注を引用したうえで、

按ずるに、天孫（瓊瓊杵尊）が天降りするとき、天照大神は八咫鏡の他に三枚の鏡を天孫に授けたということだろう。その三枚の鏡とは、名草宮の天懸大神と国懸大神と、巻向穴師の大神のことだろう。天懸大神とはすなわち日前大神のことだろう。

と注記している。

そして、このような『大倭本紀』の逸文にもとづけば、日前神は、天照大神の「前御霊」ではなく「御霊」だという。これは、日前神宮に祀られる神鏡が伊勢の八咫鏡と同体視、もしくは同格視されているとも解しうる表現である。つまり、鎌倉時代には、日前神は、天照大神と同体視される見方があらわれるほどに、篤く崇敬されるようになっていた、ということになろう。また、『大倭本紀』では、『先代旧事本紀』の影響かどうかは定かではないが、国懸神の御神体は、矛ではなく鏡とみられていたこともわかる。

なお、三枚目の鏡と鈴が祀られたという「巻向の穴師社」とは、『延喜式神名帳』の大和国城上郡《しきのかみ》にみえる穴師《あなし》坐《にます》兵主《ひょうず》神社、現在の大兵主《おおひょうず》神社（奈良県桜井市穴師）のことだろう。ここは中世には上社・下社に分かれていて、上社の祭神を御食津神《みけつのかみ》とし、下社の祭神は天鈿女命で御神体を「鈴之矛」とする伝承があったという（谷川健一編『日本の神々四　大和』）。

宮中内侍所で奉斎された神鏡とは

日前神宮の神鏡がある時期、伊勢神宮の八咫鏡と同格視されていたことについては、他にも証拠がある。平安時代、日前神宮の神鏡の分身とも目される鏡が宮中に安置され、宮廷祭祀と結びついていた形跡があるのだ。

このことに触れるには、まず前段として宮中での神鏡奉斎の伝統についてふれておく必要がある。

平安時代はじめの九世紀（八一八〜七一年）、宮中内裏《だいり》に温明殿《うんめいでん》という殿舎がもうけられた（渡辺真弓『神道と日本仏教』）。そこには由緒のある神鏡が安置された。安置された時期についてはいくつか見解があるが、渡辺真弓『神道と日本仏教』は温明殿の成立当初からとしている。その論拠としては、温明殿の名称の由来が挙げられている。中国・前漢の武帝が臣下の葬儀に際して賜った喪葬具に「温明」というのがあり、それは桶形の器で、鏡を収め、遺体に掛けるものだった。つまり、鏡を収めた「温明」にちなんで神鏡が収められた殿舎が「温明殿」と命名された、と考えられるというわけである。

温明殿には内侍所《ないしどころ》という天皇家の家政機関も置かれたので、神鏡（辛櫃《からひつ》に納められていたとされる）が安置された温明殿内の神座（神殿）は、内侍所とも呼ばれるようになり、内侍と呼ばれる女官が奉仕した。また神鏡への神聖視から「畏《かし》こどころ」とも呼ばれ、それは「畏所」「威所」「賢所」などとも書かれようになった。やがて、温明殿全体のことを、内侍所とか賢所と呼ぶようにもなった。加えて、内侍所、賢所といえば、そこに奉安されている神鏡そのものを指すこともあった。

この温明殿に安置されていた「神鏡」とは、いかなる由来をもつものなのか。

温明殿の神鏡は、伝統的には、天照大神の御霊代である八咫鏡を模造したものと解されてきた。

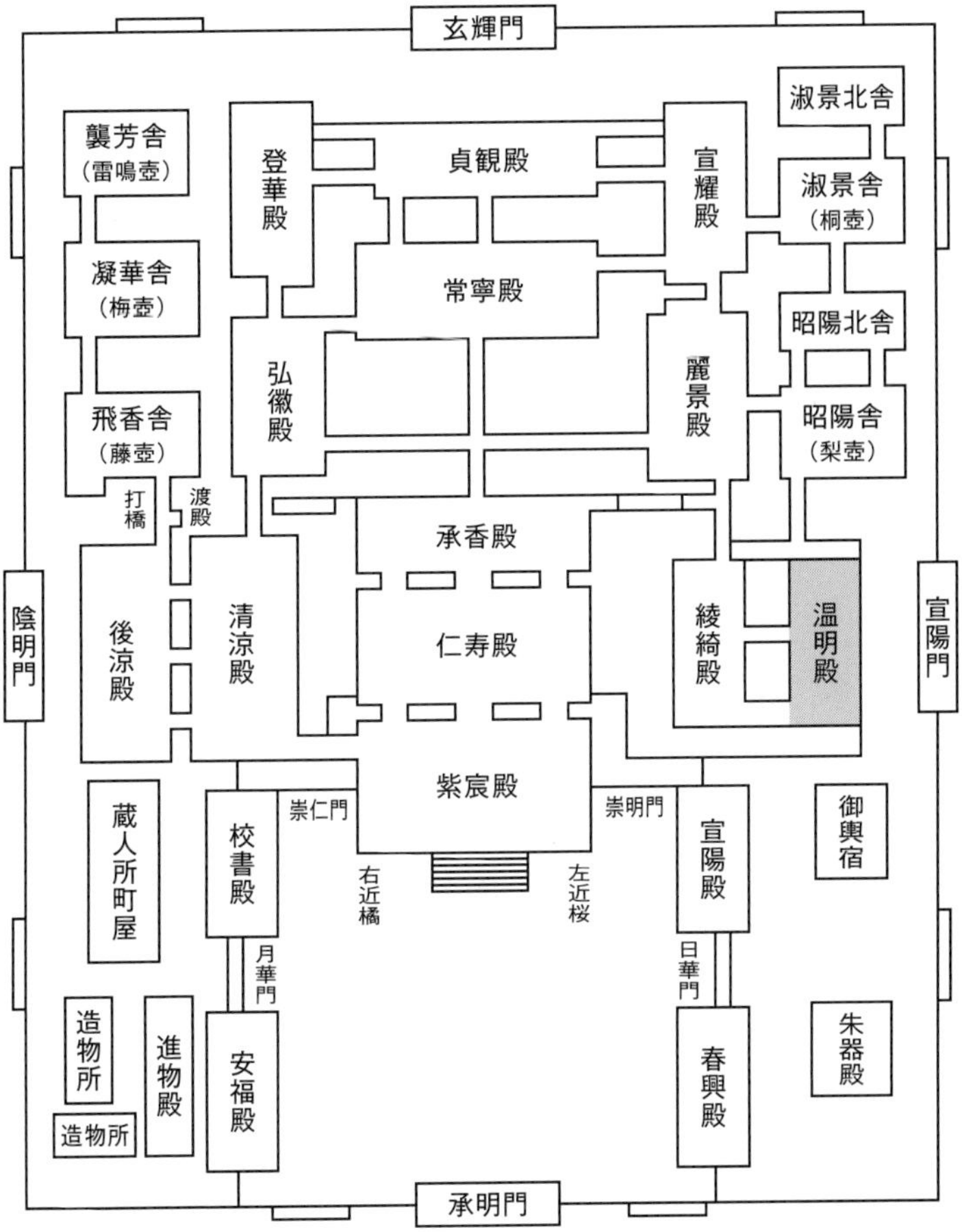

平安時代の内裏と温明殿の場所。

『日本書紀』によれば、アマテラスが瓊瓊杵尊に授けた八咫鏡は、当初、同床共殿で宮中で奉斎《ほうさい》されていたが、その強い神威が畏れられたあまり、崇神《すじん》朝になって宮中から離され、次の垂仁《すいにん》朝になって伊勢に遷り、そこで奉斎されるようになった。これが伊勢神宮のはじまりである。では、宮中には神鏡がまったくなくなってしまったのかというと、そうではなかった。『古語拾遺《こごしゅうい》』によれば、崇神天皇は斎部氏にそのレプリカをつくることを命じ、斎部氏は石凝姥命の末裔と天目一箇神《あめのまひとつのかみ》の末裔にあらたに鏡を鋳させ、それは神璽《しんじ》とされたという。

つまり、崇神朝以降、宮中では八咫鏡を模してつくられた神鏡がアマテラスのもうひとつの御霊代として奉祀されるようになった、ということになる。

そして、史実か否かはさておき、こうした伝承にもとづけば、平安時代の温明殿に安置されていた神鏡とは、崇神朝に鋳られた「もうひとつの八咫鏡」ということになり、当然、その枚数は一枚と考えるべきだろう。

内侍所に祀られていた「紀伊国御神」とは

ところが、じつはその鏡は、実際には一枚ではなく、三枚も存在していたらしい。しかも、その中には、日前神宮・国懸神宮と関連づけられるものもあった。

その証拠となるのが、内裏が焼亡したときの記録である。

平安時代後期成立の史書『日本紀略』によると、村上天皇の天徳四年（九六〇）九月二十三日、火災により内裏が焼亡した。「焼亡」というからには、内裏のなかにある温明殿もすっかり焼けてしまったのだろう。『日本紀略』は、このとき「鏡三　和名加之古止古呂、☒《ならびに》太《だい》刀《と》契《けい》」を取り出すことができなかった、と記す。

「太刀契」とは、百済から貢納されたという刀剣数柄（大刀）と魚形の割符（契）からなる重宝で、ともに唐櫃の中に納められ、皇位継承の際に天皇が授受する決まりになっていた。三種の神器に匹敵するレガリアである。

問題は、「鏡三　和名加之古止古呂」だが、「和名加之古止古呂」は「和名カシコドコロ」であり、賢所は、前記したように、神鏡が安置された場所ではなく神鏡そのものを指すこともあった。すると、「鏡三」というのは、賢所（温明殿、内侍所）に三枚の鏡があったことを示していることになる。

かくして温明殿の三枚の鏡はすべて焼失したかに思われたが、翌日、余燼の中を捜索してみると、奇跡的にそれをみつけ出すことができた。

『日本紀略』によれば、三枚のうち、「伊勢御神」と呼ばれる一枚と、「魚形」をした一枚は無事だったが、「紀伊国御神」と呼ばれる一枚は破損していたと後日報告されたという（「不涌損、即云、伊勢御神云々、一所魚形、無破損、長六寸許、一所鏡、已涌乱破損、紀伊国御神云々」／『日本紀略』十月三日条）

ところで、『釈日本紀』に引かれている『村上天皇御記』によれば、この三枚のうちの「伊勢御神」は、直径が八寸ほどで、頭に小さな傷があったが、損なわれてはいなかったという。

「伊勢御神」と呼ばれた神鏡は、伊勢神宮の八咫鏡を模したもの、伊勢の御神体の分身とされたものだろう。現在も皇居の宮中三殿で奉斎されているはずの、神鏡である。先に『日本書紀』第七段一書第二に、天石窟に差し入れた鏡が戸に触れて小さな傷がついたと記されていることを紹介したが、「伊勢御神」にあったという小さな傷は、不思議なことに、この古伝承と照応する。『釈日本紀』は、崇神朝に新たな神鏡をつくる際に元からあった傷まで正確に再現されたのではないか、つまり、焼け跡からみつかった鏡についていた傷は元からあったものではないか、と説明している。

いずれにしても、『日本紀略』『村上天皇御記』などによれば、平安時代の内裏温明殿には神鏡が三枚納められており、そのなかには、伊勢の八咫鏡の分身のほかに、「紀伊国御神」と呼ばれる鏡が存在していたことになる。

「紀伊国御神」といえば、当然、日前神宮・国懸神宮が連想されるだろう。その鏡は、両宮（とくに日前神宮）にアマテラスの神霊もしくは前霊の御霊代として祀られていた鏡の、分身として認識されていたのではないだろうか。

平安時代中期の公卿・藤原実資《さねすけ》は日記『小右記《しょうゆうき》』の中で、天徳四年の内裏焼亡に触れたうえで、焼け跡からみつかった三枚の神鏡について、一枚は伊勢大神、一枚は紀伊国の日前神、一枚は国懸神ではないかと論じている。

平安時代の宮中には日前神宮の御神体の分身が祀られていた

実資の推論はともかく、温明殿に祀られていた神鏡のうち、少なくとも一枚については、「紀伊国御神」という呼称からして、日前神宮の神鏡の分身として認識されていた可能性は濃厚である。そうした認識は、おそらく、『日本書紀』や『古語拾遺』『先代旧事本紀』をへて醸成された「天石窟神事の際、八咫鏡を鋳る前に鋳られた鏡（もしくは矛）が日前神の御霊代である」という伝承を背景として、形成されていったものであるに違いない。

「紀伊国御神」なる鏡が、現実に日前神宮の御神体である神鏡を模造したものであるのか、それとも、宮中には古くから複数の鏡が奉斎されていて、そのうちの一枚がいつしか日前神宮の御神体の分身として扱われるようになったのか。この問題に先走って結論を出すつもりはない。だが、少なくとも、温明殿における「紀伊国御神」の存在は、平安時代において、天照大神の御霊代とされる八咫鏡への信仰の高まりとともに、その前霊である神鏡を御神体とするとされる日前神宮・国懸神宮への崇敬が宮中においても高まっていたことを暗示している。

言い換えれば、宮中の深奥において日前神宮と関連づけられる鏡が奉斎されていた、という事実は、日前神宮の神鏡が、日前神の御神体を伊勢の御神体と同等視する『大倭本紀』の記述を裏付けるのみならず、伊勢の神鏡とならんで王権祭祀に古くから関与していた可能性をも示唆し、日前神宮・国懸神宮の地位の高さを物語っている。

だが残念ながら、焼け跡からみつかった、破損していたという「紀伊国御神」のその後の消息は、杳として知れない。

『日前国懸両大神宮本紀大略』にみる神宝伝承

これまでは、主として『日本書紀』や『古語拾遺』など、朝廷側によって編まれた史料をもとに日前神宮・国懸神宮の歴史を探ってきた。

当の日前神宮・国懸神宮側には、どのような古伝が残されているのだろうか。

大正五年(一九一六)に刊行された、『日前神宮・国懸神宮本紀大略』という書物がある。日前神宮・国懸神宮が編纂したもので、両神宮にまつわる古記録や史料が収められている。

このなかには創祀に関する社伝『日前国懸両大神宮本紀大略』があり、ここには記紀などの古典文献にはみられない、独自の伝承も含まれている。

まずその冒頭である「両大神宮出現事」の項をみると、「当宮本紀に曰く」として、石凝姥命が天香山の金を採って磐戸の前で日像鏡と日矛をつくったとあり、さらに「神鏡は則ち日前大神なり。日矛は則ち国懸大神なり」と注記している。そしてまた、アマテラスが磐戸から出ると、天つ神は、二種の神宝すなわち日像鏡と日矛を、天道根命《あめのみちねのみこと》に託し、斎《いつ》き祀らせたとも記している。

天道根命の名は記紀にはみえないが、『先代旧事本紀』の巻第十「国造本紀」の紀伊国造の条に

「橿原《かしはら》朝の御世、神皇産霊命《かむみむすひのみこと》の五世の孫、天道根命を国造に定め賜ふ」とあり、『新撰姓氏録《しんせんしょうじろく》』の河内国神別の紀直《きのあたい》の項には「神魂命《かみむすびのみこと》の五世の孫、天道根命の後なり」とある。つまり、天道根命は日前神宮・国懸神宮を司る紀伊国造家の祖神である。また、『先代旧事本紀』の巻第三「天神本紀」には、物部氏の祖神・饒日速尊《にぎはやひのみこと》に供奉《ぐぶ》して高天原から天降った三十二神の一柱に、天道根命の名がみえる。

「両大神宮出現事」に戻ると、続けて、「当宮古記に曰く」として、アマテラスが磐戸にこもったとき、石凝姥命は天香山の銅で八咫鏡を二枚つくり、天津麻羅命は天金山の鉄で日矛をつくったと記し、「一つの鏡は天照大神なり。一つの鏡は日前大神なり。日矛は国懸大神なり」と注記されている。つまり、石凝姥命は八咫鏡を二枚つくり、そのうちのひとつが伊勢神宮の御神体となり、もう一枚が日前神宮に祀られ、また国懸神宮には天津麻羅命がつくった日矛が祀られていると明記しているのだ（ここで、『先代旧事本紀』や『紀伊続風土記』とは異なり、日矛を「鏡」とはしていないことにも注意しておきたい）。

また、「両大神宮出現事」に続く「降臨時」の項には、「当宮本紀に曰く」として、天孫瓊瓊杵尊の高千穂への降臨時に、天道根命は神宝二種（鏡と矛）を戴いて瓊瓊杵尊に従って天降りし、高千穂宮には別殿が設けられて神宝二種が奉安されたとある。

紀伊国造家伝来の古記録の存在

これらの所伝の典拠となっている「当宮本紀」や「当宮古記」なる史料がいつ、誰によって編まれたものなのかは、『日前国懸両大神宮本紀大略』は明記していない。

しかし、手掛かりはある。たとえば、幕末に編まれた『紀伊続風土記』の「日前国懸両大神上」の項には、「国造家旧記曰く」としてこれと同じような伝承が記されていて（ただし、天道根命への言及はなく、天孫瓊瓊杵尊が三種の神器とともに二種の神宝を持って天降ったことになっている）、また、江戸時代後期編纂の『紀伊国名所図会』には、余人が容易にはうかがいみることのできない「国造家伝来の旧記」によるとして、日前宮・国懸宮の縁起に関して、「天津麻羅命が日矛をつくった」「石凝姥命が八咫鏡を二枚つくった」といったことが記されている。

すなわち、紀伊国造家には、「旧記」と称される古記録が伝わっていたことになろう。『日前国懸両大神宮本紀大略』に収められた「当宮本紀」や「当宮古記」とは、おそらく、日前神宮・国懸神宮を司ってきた紀伊国造家に伝来する、秘伝的な古記録をさしたものであろう。いわゆる「社伝」である。

そしてその社伝は、記紀や『古語拾遺』『先代旧事本紀』などの古典類の記述が断片的に嵌入されていることを考えると、これらの所伝をベースにしつつ、それらを整理するようなかたちで、また独自の伝承もまじえつつ、まとめられていったものと考えるべきであり、それは遅くとも江戸時代には文書として成立していたことになる。

そして、その古記録において、日前神＝鏡、国懸神＝日矛という位置づけが、ようやく明確になされるようになっているのだ。

『日前国懸両大神宮本紀大略』の鎮座縁起

次に『日前国懸両大神宮本紀大略』において注目されるのは、次のような記述をもつ「鎮座之事」の項である（原文は漢文）。

当宮本紀に曰く、人皇最初の神日本磐余彦《かむやまといわれ》天皇神武の東征の時、二種の神宝を以て、ともに天道根命《あめのみちねのみこと》に託《つ》けて斎き祭る。天皇、諸国を経て摂津国難波に至る。天道根命は二種の神宝を奉戴し、紀伊国名草郡加太浦に至る。加太より木本に移り、木本より名草郡毛見《けみ》郡に至る。則ち琴浦の岩の上に安処奉るなり。

第十代御間城入彦五十瓊殖《みまきいりひこいにえ》天皇崇神の御宇五十一年に至り、豊鋤入姫《とよすきいりひめ》が天照大神の御霊を奉戴し、当国の名草浜宮《なぐさのはまのみや》に遷し坐しますの時、日前・国懸両大神宮は琴浦より名草浜宮に移り、宮を並べて鎮座す。蓋《けだ》し三年なり。

同五十四年十一月、天照大神は吉備の名方浜宮《なかたのはまのみや》に遷すと雖《いえど》も、日前・国懸両大神は名草浜宮に留まり坐す。
第十一代活目《いくめ》入彦《いりひこ》五十《い》狭茅《さち》天皇垂仁の御宇十六年に至り、浜宮より同郡名草の萬代宮に遷りて鎮座するなり。今の宮地是なり。

まず最初の段落を要約すると、神武東征が難波に至ったとき、天道根命が二種の神宝を奉じて名草郡加太浦に上陸し、そこから木本に移り、さらに毛見郡に至り、その地の琴浦の岩上に神宝を奉斎した。これが日前神宮・国懸神宮の創祀ということになる。

次に、崇神天皇の御世、皇女豊鍬入姫がアマテラスの御霊すなわち神鏡を奉じて名草浜宮に遷幸したとき、日前神宮・国懸神宮つまり二種の神宝も琴浦から名草浜宮に遷され、社殿が並べて建てられた。三年後、アマテラスは豊鍬入姫に奉られて吉備に遷幸したが、日前神宮・国懸神宮はそのまま名草浜宮に留まった。

そして次の垂仁朝に至って、日前神宮・国懸神宮は名草浜宮から現在の宮地である萬代宮に遷座した。

全体として、アマテラスから授かった神宝二種すなわち日像鏡と日矛を天道根命が紀伊国に祀り、日前神宮・国懸神宮を創祀したという鎮座縁起になっている。

日前神宮・国懸神宮の元宮にあたる浜宮。

古典の諸伝承を典拠とした鎮座縁起

これらの記述も「当宮本紀」とあるので、紀伊国造家独自の所伝と思われるが、よく分析してみると、断片的には、その記述の典拠とおぼしいものを見出すことができる。

まず、天道根命が神武東征に従ったという伝承については、先にも挙げたように、『先代旧事本紀』「国造本紀」に、天道根命が神武朝に紀伊国造に任じられたとあることがそうである。

崇神朝に豊鋤入姫がアマテラスの御霊を奉じて名草浜宮に三年滞在したのち、吉備に遷ったことについては、鎌倉時代に成立した神道五部書のひとつで、伊勢神宮鎮座縁起ともなっている『倭姫命《やまとひめのみこと》世記《せいき》』にほぼ同じような記述がみえる。

ちなみに、現在の日前神宮・国懸神宮から南に八キロほどいった海岸沿いの毛見の地に浜宮という小さな社が鎮座しているが、ここが名草浜宮つまり日前神宮・国懸神宮（萬代宮）の元宮とされている。

また、『紀伊続風土記』が引く、伊太祁曾《いたきそ》神社（現在の鎮座地は和歌山市伊太祈曽）の社家の伝によると、伊太祁曾神社は加宇宮（神ノ宮）という地に草創され、後に、山の東にある伊太祁曾という地に遷り、もとの社地は日前宮に譲ったのだという。

このようにみてくると、『日前国懸両大神宮本紀大略』は、国造家伝来の旧記・古記からなるといえども、その大筋は、『日本書紀』『古語拾遺』『先代旧事本紀』その他の古典資料に拠ったものであり、それらのなかから日前神宮・国懸神宮に関連のある伝承を紡ぎ合わせ、肉付けをするようなかたちでまとめられたのではないか、と類推することもできよう。

ヒノクマ・クニカカスの意味と由来

ここで話題をちょっと変えて、冒頭で触れた、日前神宮・国懸神宮に関するごく素朴な疑問に触れておきたい。

それはヒノクマ・クニカカスという社名の意味と、とくになぜヒノクマに「日前」の字があてられたのか、という疑問である。

日前はヒサキと訓まれた時代もあったようだが（『紀伊国名所図会』には「ひさきの宮と申し奉ることも年

久しく、あまねく申しならはせし事なれば」とある)、ヒノクマが正式とされている。ヒノクマの意味については一般に詳らかではないとされているが、『紀伊続風土記』は次のような説明をしている。

国造家旧記によれば、日前宮造営の材を伐り出した山に忌部《いんべ》山というのがあり、この山は古くは檜山と呼ばれ、紀伊忌部氏の本拠であった。日前宮の宮地は、この山の隈《くま》(道や川が曲がり込んだところ。奥まったところ)にあったので、檜隈の号が生じた。

つまり、ヒノキヤマのクマ、檜隈が語源だという。そうなると、ヒノクマとは社地の地名のようなものとなるだろう。伊勢神宮、出雲大社(杵築《きづき》大社)、諏訪大社など、古社の社名には地名を冠したものが圧倒的に多いので、この説にはある程度説得力がある。なお、現在の和歌山市内に忌部山というのは見当たらないが、旧地名としては紀伊国名草郡に忌部郷があり、現在の和歌山市井辺《いんべ》がその地に比定されている。地図でみると、現在の日前宮から東南に数百メートルの距離にあり、その東端は大日山という山に接している。大日山は標高は百四十二メートルで、さして高くはないが、円錐型の山容をしていて、日前宮の神奈備と思えなくもない山である。

日前の字については、『釈日本紀』は、日前神を天照大神すなわち日神の前霊、つまりヒノマエとすることから宛てられたものと解している。

ヒノクマといえば、奈良県明日香の地名「檜前《ひのくま》」が思い浮かぶが、この地との直接の関連を示すものは見出せない。

一方、クニカカスについては、谷川健一編『日本の神々四　大和』には、「『国土を耀かす』の意であろうといわれるが、これも詳らかではない」とある。ちなみに、「かがやく」は近世以後の発音で、それ以前は「かかやく」と発音された。

鏡と矛は太陽祭祀の呪具

結局のところ、日前神宮・国懸神宮は、なぜ並立し、なぜ祭神が二つに分かれているのだろうか。

日前神はヤマト王権系の神、国懸神は紀伊の土着神あるいは紀氏の祖神、と説明がなされることもある。また、国懸宮が東に、日前宮が西にあることから、国懸宮のほうが優位にあるとか、先に建てられた、というような説も見受けられる。伊勢の内宮・外宮にならって二つの宮が並立しているのだ、という見方もある。しかし、両神の関係は、そう単純なものではあるまい。

これまで触れた史料や縁起を総括して整理すれば、日前神宮には日像鏡、国懸神宮には日矛が納められ、それぞれ天照大神の前霊の御神体として祀られているということになる。

つまり、日前神宮・国懸神宮の御神体とは、古伝承によれば、あくまでも鏡と矛ということになろう。

このうち、鏡がアマテラスすなわち太陽を象徴していることは、言を俟《ま》たない。銅鏡は、日神を祀る原始神道祭祀において用いられた、基本的な祭器のひとつである。

記紀神話の天石窟《あめのいわや》の場面では、磐戸の前にて、上枝に曲玉がつけられ、中枝に八咫鏡が掛けられ、下枝に幣《ぬさ》がつけられた、根ごと堀り取られた樹を太玉命《ふとだまのみこと》が捧げ持って、アマテラスの出現を乞う神事が執り行われるが、これは、原初の太陽祭祀の情景を表現したものでもあろう。

これに対して矛はどうだろうか。

矛は、まず第一には、人を突き刺すためにつくられた双刃の武器である。ちなみに、古代においては、矛・鉾・戈・槍はどれも「ホコ」と読まれた。

しかし、矛もまた祭器、宗教的な呪具としての側面をもっている。記紀神話で、天の浮橋に立ったイザナキ・イザナミは、天の沼矛《ぬぼこ》(ヌは玉の意。玉で飾った矛)を指し下ろし、かきまわしてオノゴ

天の沼矛を指し下して島を作るイザナギ。小林永濯画「天之瓊矛を以て滄海を探るの図」(明治時代なかば)より。

ロ島をつくる。ここには、矛がもつ神秘性・宗教性が表現されている。

また、『日本書紀』では、天石窟の前で神がかる天鈿女命は手に矛をもっていた。彼女の所作は、天照大神すなわち太陽を矛によって活性化させようとする呪術でもあった。

そして、日矛といえば、新羅から渡来したアメノヒボコのことが連想されるが、八種の神宝を将来したアメノヒボコとは、太陽祭祀に用いた呪具としての矛（日＋矛）を擬人化したものだろうとする説もある（第三章134ページ参照）。

つまり、日矛もまた、太陽祭祀の祭器にほかならなかった。

本来は一つの社だったのではないか

日前神宮・国懸神宮の御神体である鏡と矛からは、それを御神体ではなく呪具として用いた、素朴な太陽祭祀の情景が浮かび上がって来る。

本来、日前神宮・国懸神宮とは太陽祭祀の祭器を祀った一つの社であったが、その主たる祭器が二つあったために、神座が二座となり、おのずと二つの社に分立する形をとるにいたったのではないだろうか。

そして、日前神宮・国懸神宮とは、本来は「ヒノクマという地に鎮座するクニカカス神」という性格を有していたのではないだろうか。

岩橋千塚古墳群。紀氏の先祖の墓と考えられる。

『日本書紀』において、日前神と呼ばれたり国懸神と呼ばれたりしても、決して「日前神・国懸神」と併記されることがなかったのは、当初はあくまで一つの社として認識されていたためではないだろうか。

「天照大神の前霊」とはヤマト王権への服属の寓意か

そんな日前神宮・国懸神宮の鏡と矛が、天照大神の前霊としてみなされるにいたったことについては、大きくは二つの過程が想定できよう。

ひとつは、こうである。

往古、紀伊に住み着いた有力豪族は銅鏡と矛を神宝として所蔵していた。それは、必ずしも国産品とはかぎらず、渡来人から贈られたものであったかもしれないし、あるいは、その有力豪族そのものが渡来人であったのかもしれない。そして彼らは鏡と矛を用いて太陽祭祀を行っていた。

そしてある時期から——おそらくは古墳時代から飛鳥時代にかけて——、紀伊はヤマト王権の支配下に置かれるようになり、紀伊の有力豪族もヤマトの大王家に服従を誓った。そのなかで、彼らの神宝は、同じく太陽祭祀を行っていた大王家の神鏡と関連づけられ、神話のなかでは、神鏡を御霊代とする天照大神の前霊として取り込まれていった——。

もうひとつの筋書きはこうだ。

紀伊の有力豪族は、ヤマト王権に服属すると、大王家からその見返りとして、大王家に仕える鍛冶によって鋳られた銅鏡と矛が下賜された。そしてその史実が、大王家の神話のなかでは、「天石窟神事で、最初に鋳られた失敗作としての鏡もしくは矛が紀伊に祀られ、その次に鋳られた完成された鏡が天照大神の御霊代となり、最終的に皇室の祖神として伊勢に祀られた」いうように寓意的に表現された。

「紀伊の有力豪族」とは、おそらく、日前神宮・国懸神宮の東方背後に広がる丘陵に分布する岩橋《いわせ》千塚《せんづか》古墳群（五〜七世紀）の埋葬者とも結びつくものであり、もちろん紀氏の先祖につながる一族であったことであろう。

ナグサトベ伝承と日前神宮・国懸神宮

ところで、紀伊を拠点とした有力豪族には、紀氏に先行して名草氏があったのではないかともい

宇賀部神社。神武天皇に斬られた名草戸畔の頭部が葬られた地と伝わっている。

われる。

名草氏の名は、『日本書紀』の神武東征の箇所にあらわれる。難波から畿内に上陸しようとした神武一行は、長髄彦の抵抗に遭っていったん撤退を余儀なくされる。そして、紀伊半島を迂回して熊野に向かうことになるが、その途次、紀伊の名草邑《なぐさのむら》にいたり、神武は名草戸畔《なぐさとべ》なる名前の者を誅殺したという。トベは戸女の意であり（岩波文庫版『日本書紀』の校注）、ナグサトベという名は、この人物が名草地方の豪族の女性首長であったことをさしているといわれる。

このように『日本書紀』では名草戸畔は殺されたことになっており、紀伊地方には、和歌山県海南市に鎮座する宇賀部《うかべ》神社、杉尾《すぎお》神社、千種《ちぐさ》神社を、それぞれ名草戸畔の頭、胴、足を葬った地とする伝承がある。

しかし、『紀伊続風土記』所引の「国造家譜」

をみると、天道根命を初代として、第五代に大名草比古命の名が載っている。したがって、名草氏はヤマト王権勢力に攻められていったん亡びかけたが、その末裔が新たに王権によって国造に任じられた紀氏(これは紀伊の名草氏のライバル的な氏族であったかもしれないし、ヤマト王権から派遣された氏族であったかもしれない)に入り婿のような形で迎えられ、名草氏と紀氏が合流した、という可能性も考えられる。つまり、紀氏は名草戸畔の血を引いている、ということである。

そうなると、日前神宮・国懸神宮の鏡と矛とは、本来は名草氏が有していた神宝であり、名草氏を制圧したヤマト王権がその神宝を奪い、その地に神宝を紀氏によって改めて祀らせたというのが、日前神宮・国懸神宮の創祀ではなかったか。

ちなみに、日前神宮・国懸神宮の摂社に、名草郡の地主神として名草姫命・名草彦命を祀る中言《なかごと》神社がある。

＊

日前神宮・国懸神宮には、はたして本当に鏡と矛が御神体として納められているのだろうか。

日前神宮・国懸神宮の歴史をみると、長寛二年(一一六四)に火事に遭い、両宮が焼亡したおり、御正体《みしょうたい》(御神体のこと)が出されたという記録や、承久元年(一二一九)に国懸宮の御戸が思いがけず開いたという記録があり(『百錬抄《ひゃくれんしょう》』)、また、豊臣秀吉の紀州攻めのおりに当時の紀伊国造が御神体を奉じて高野山方面に一時避難したという挿話も知られるが、御神体そのものを実見したという記録は、管見の限りでは見出せない。

紀伊半島の東岸には、皇祖神でもある太陽神を祀る伊勢神宮があり、そしてほぼ同じ緯度の半島の反対側、紀伊半島の西の端には、准皇祖神の扱いを受ける、太陽神を祀る日前神宮・国懸神が鎮座している。

このことは決して偶然ではあるまい。

第六章

アマテル神社の神鏡

9 神宝として伝来する古墳時代の三角縁神獣鏡

三輪山《みわやま》の秀麗な山容を東方に望む奈良盆地のほぼ中央付近に、鏡作坐天照御魂神社《かがみつくりにますあまてるみたまじんじゃ》（奈良県磯城郡田原本町八尾）という、いささか社名の長い神社が鎮座している。

この社名は「鏡作という土地に鎮座する、天照御魂を祀る神社」という意味に解される。実際、この神社一帯は古くは鏡作郷《ごう》と呼ばれていた。また、「天照御魂」がアマテラスミタマではなく、あくまでもアマテルミタマと読まれることについては、ここであえて注意を喚起しておきたい。

濃い社叢に囲まれてはいるが、住宅地と田畑に囲まれた境内はさほど広いものではなく、春日造りの社殿もさほど大きなものではない。『延喜式神名帳』にも記載されている由緒正しい社ではあるが、普段は人影も少なく、一見すると、ごく素朴な鎮守にすぎないようにも人の目には映るだろう。

しかし、この神社の歴史は古い。しかも、ここには、神宝としての「鏡」と古代史の関係を探るうえでは、見逃すことのできない伝承が残されている。

社頭に建てられた案内板には、次のような縁起が記されている。

第十代崇神《すじん》天皇のころ、三種の神器の一なる八咫鏡《やたのかがみ》を皇居の内にお祀りすることは畏れ多いとして、まず倭《やまと》の笠縫邑《かさぬいのむら》にお祀りし（伊勢神宮の起源）、更に別の鏡をおつくりになった。社伝

鏡作坐天照御魂神社。

によると、「崇神天皇六年九月三日、この地において日御像の鏡を鋳造し、天照大神の御魂となす。今の内侍所《ないしどころ》の神鏡是なり。本社は其の（試鋳せられた）像鏡を天照国照彦《あまてるくにてるひこ》火《ほ》明命《あかりのみこと》として祀れるもので、この地を号して鏡作と言ふ。」とあり、ご祭神は鏡作三所大明神として称えられていた。

古代から江戸時代にかけて、このあたりに鏡作師が住み、鏡池で身をきよめ鏡作りに励んだといい、鏡の神様としては全国で最も由緒の深い神社である。

この縁起を要約すれば、崇神朝に、宮中から伊勢に遷されることになった八咫鏡の分身（宮中の内侍所《ないしどころ》に神鏡として祀られた）が造られたのがこの場所であり、その際に試作された鏡（像鏡）を天照国照彦火明命という神として、そしてまたそ

三角縁神獣鏡。椿井大塚山古墳出土品のレプリカ（写真＝Wikiwikiyarou）。

の御神体として祀ったのが神社の創祀である、ということになろう。

つまり、鏡作坐天照御魂神社は、三種の神器の一つである八咫鏡と深い由緒で結ばれた、「鏡の神社」ということになる。

そして、その由緒を傍証するかのように、この神社には深い歴史をたたえた古鏡が神宝――御神体ではない――として伝えられている。それは非公開ながらすでに昭和戦前には写真に撮影されており、古墳の代表的な副葬品として知られている三角縁神獣鏡《さんかくえんしんじゅうきょう》のひとつであることがわかっている。

この神宝は、はたして神社とどのようなつながりをもっているのだろうか。

そしてまた、この地で往古、八咫鏡の分身が鋳られたというのは、史実として確認できることなのだろうか。

9 現在は天照国照彦火明命を主祭神とする

まず改めて鏡作坐天照御魂神社の祭神を確認しておきたい。

鏡作坐天照御魂神社の現在の祭神は三座で、中央が社頭の案内板にもあったように天照国照彦火明命で、左座は天糠戸神《あまのぬかどのかみ》（アメノアラトとも読まれる）、右座は石凝姥命《いしこりどめのみこと》である。

天照国照彦火明命は、「社伝」によれば「（試鋳せられた）像鏡」つまり御神体の鏡の神霊としての呼称ということになろうが、記紀神話においては天孫瓊瓊杵尊《ににぎのみこと》の兄神で尾張氏の祖神として知られる神である。

天糠戸神は『日本書紀』神代上・第七段一書第二に、八咫鏡をつくり、鏡作部《かがみつくりべ》（ヤマト朝廷で鏡の製作に従事した品部《しなべ》）の遠祖となった神として言及されている。石凝姥命は天糠戸神の御子神であり、前章で取り上げたように、この神もまた鏡作りの神であり、また天孫降臨に随従したとも伝えられる神である。

左座の神は鏡作麻気《まけ》神、右座の神は鏡作伊多《いた》神とも呼ばれるが、これはそれぞれ近隣に鎮座する鏡作伊多神社と鏡作麻気神社の祭神でもある。

一方、『延喜式神名帳《えんぎしきじんみょうちょう》』をみると、大和国城下郡《しきのしも》に官幣《かんぺい》大社として「鏡作坐天照御魂神社」が一座としてあり、これとは別に同郡に「鏡作伊多神社」「鏡作麻気神社」が官幣小社として記載されている。したがって、鏡作坐天照御魂神社は当初は独立してあったが、のちに鏡作りに関わる神として、近隣の神社に祀られていた麻気・伊多神が併せ祀られるようになったと推測することができる。

社頭の案内板は鏡作坐天照御魂神社の祭神がかつて鏡作三所大明神と称されたと記しているが、近

鏡作麻気神社。

世には、鏡作三所大明神とは鏡作坐天照御魂神社・鏡作麻気神社・鏡作伊多神社の三社の総称でもあった。

ちなみに、昭和四十七年（一九七二）に建立された参道脇の「御由緒」と題する石碑には、原正朝宮司によるものとして、次のような文章が記されている（句読点は筆者が補った）。

上代人が神の御魂の宿るものとして尊んだ鏡の鋳造を業とした鏡作部がこの地に住居し、この神社を氏神としてお祀りしていた。

三種の神器の一なる八咫鏡をお作りになった石凝姥命を鏡作伊多の神と称えて右座に、その御父天糠戸命を鏡作麻気の神と称えて左座にお祀りし、中座には天照国照彦火明命と申し上げて、崇神天皇六年九月三日この地で内侍所の神鏡が鋳造せられた際の試鋳の像鏡を御祭神として奉祀する。

鏡作三社大明神として遍く知られ式内大社に列し、鏡作師はこの地に集り鏡の池の水を以て秘法を授けられたと縁起に伝える。古来鏡業界に於ては業祖として信仰篤く、また心も姿も美しくありたいと祈願する人々の参拝も多く、鏡の神様としては全国で唯一の格別に御由緒の深いお社である。


神社の創祀が神鏡の鋳造に由来しているわけだから、鏡作りの祖神である天糠戸神や石凝姥命が祭神に含められているのは、当然といえるだろう。

だが、一般に尾張氏の祖神として知られ、直接的には「鏡」とはなんら関係のなさそうな天照国照彦火明命が、鏡の神霊にあてられて主祭神として祀られていることには、若干の違和感をおぼえる。

むしろ、天照国照彦火明命が主祭神として挙げられていることについては、つぎの二つが可能性としては考えられるのではないだろうか。
①鏡作坐天照御魂神社は、社名が示すように鏡の神霊として「天照御魂《あまてるみたま》（アマテル神）」を祀っていたが、しだいに、それが同じ「アマテル」という言葉を名前に含む天照国照彦火明命と混同視されるようになり、やがて天照国照彦火明命が祭神としてみなされるようになった。

②天照国照彦火明命の神名に含まれる「アマテル」「ホアカリ」が、御神体としての鏡の輝きをイメージさせることから、主祭神に結びつけられた。

つまり、天照国照彦火明命が当初から主祭神であったかどうかについては、疑点があるということになる。たしかに古記録類をみると、鏡作坐天照御魂神社の祭神については変遷があり、天照国照彦火明命が一貫して祀られていたわけではなかったことがわかる。

そこで、鏡作坐天照御魂神社の縁起伝承をたどってみることにしよう。

古縁起は祭神名のみで、鎮座伝承は不明

鏡作坐天照御魂神社の御神体は、現行の社伝にもとづけば、崇神朝に八咫鏡の分身が鋳られた際の試作品ということになる。前章でとりあげた日前神宮・国懸神宮は、神代に石凝姥命《いしこりどめのみこと》が鋳た八咫鏡の試作品を御神体としているが、それに対して鏡作坐天照御魂神社は、八咫鏡の分身の試作品を御神体としているわけである。

しかし、改めて古文献をたどってみると、まず崇神朝に八咫鏡の分身がつくられたという伝承は、『日本書紀』『古事記』に見出すことができない。この伝承は、第一章でも記したが、平安時代初期の『古語拾遺《こごしゅうい》』にはじめてあらわれる伝承である（17ページ参照）。しかし、それをみると、石凝

姥命の神裔が分身の製作に携わったという記述はあるが、どこで鋳られたかについては言及がない。また、その際に試作品が鋳られたという記述は、『古語拾遺』にも、もちろん記紀にもみることができない。

そうなると、「崇神朝に鏡作の地で八咫鏡の分身の試作品が鋳られて、それが神として祀られた」という伝承は、いったいいつごろからあらわれたのかという疑問が生じる。石上神宮や日前神宮・国懸神宮と違って、平安時代までの文献に鏡作坐天照御魂神社そのものの鎮座縁起を見出すことはできない。

現存する史料のなかで、鏡作坐天照御魂神社に言及する最古のものと思われるのは、天平二年（七三〇）の『大倭国正税帳《やまとのくにしょうぜいちょう》』（正倉院文書／『大日本古文書』所収）である。この文書に「鏡作神戸の稲二百五十束三把のうち四束を祭神料に充てる」という趣旨の文があるが、これは鏡作郷に神社があり、そこに属する神戸《かんべ》（神社に付属して租税・課役を神社に納めた民）がいたことを示していることから、鏡作天照御魂神社に言及したものと考えられている。しかし、鎮座縁起はもちろん祭神名についてもここには何ら情報はない。

鏡作坐天照御魂神社の現存する鎮座縁起で、現存最古級と思われるものは、『鏡作神社縁起』である。

『鏡作神社縁起』（『神道大系神社編五　大和国』所収）は、巻末に「寛弘元年（一〇〇四）九月三日」とあるが、さらに、「天文十二年（一五四三）十月十三日」に当時六十二歳の法印真長によってことごとく改め終えられたとも記されている。真長は『神道大系』の解題によれば、鏡作坐天照御魂神社の神宮寺聞楽院の住僧であるという。巻末の記述通りとすれば、この縁起の成立は平安時代以前にさかのぼることになるが、神仏習合臭の顕著な内容からして、中世以降の成立と考えるべきだろう。

しかし、この書は、祭神の神名をあげてその神々が「神宮の鏡を作り始めた」と付記する程度で、詳しい鎮座伝承は記されていない。

しかも、挙げられている祭神は天糠戸尊、石凝姥尊、天児屋根尊《あめのこやねのみこと》の三柱で、現在の主祭神・天照国照彦火明命の名がなく、その代わりに天児屋根尊が入っている。また、どれが主祭神なのかははっきりしない。

中臣氏（藤原氏）の祖神である天児屋根尊が祭神に含められているのは、中世、大和一帯は藤原氏の氏寺である興福寺の支配を受け、さらに藤原氏の氏神春日社が各地に勧請《かんじょう》されたというので、その影響と考えることができる（和田萃「古代日本における鏡と神仙思想」、森浩一編『鏡』所収）。

中世の『鏡作大明神縁起』では主祭神は石凝姥命

次に、文明五年（一四七三）の奥書をもつ『大和国城下《しきのしも》郡鏡作大明神縁起』（『神道大系神社編五　大和国』所収）をみると、かなり具体的な鎮座伝承が記されている。その内容をまとめると、およそ次のようになる。

崇神天皇六年九月、笠縫邑《かさぬいのむら》に磯城《しき》の神籬《ひもろぎ》をたて、天照大神と草薙剣を遷したとき、石凝姥命の神裔に神鏡を、天目一箇命《あめのまひとつのみこと》の神裔に宝剣を鋳造させ、これを護身の璽《しるし》とした。践祚《せんそ》の日に献げる神璽《しんじ》である鏡と剣は、これである。翌七年、天下に疫病がひろまったものの八百万の神を祀ってこれをおさめたとき、八百《やお》郷（八尾郷）の地に社を建て、石凝姥命を御神体とし、鏡作大明神として奉斎した。

「践祚の日に献げる鏡」とは、平安時代以降、宮中の内侍所に安置されて皇位のレガリアとなった神鏡のことである。しかし、この縁起には鏡が鏡作の地（八尾郷）で鋳られたという説明はなく、「（神鏡をつくった）石凝姥命を（鏡作坐天照御魂神社の）御神体とした」とはあるものの、「神鏡をつくる際に試鋳された鏡（像鏡）が神社の御神体になった」というような説明はない。単純化すれば、ここに書かれているのは「石凝姥命の末裔が八咫鏡の分身を鋳た。これをきっかけに、石凝姥命を祀る神社ができた」ということにすぎない。

さらに同縁起にはこれに続けて、永禄三年（一五六〇）八月末日に神宮寺・聞楽院の僧・清雅が撰したという社記次第が記されていて、それによれば、左座を天糠戸命とする点は現在と変わらないが、中座を石凝姥命、右座を天児屋命《あめのこやねのみこと》としている。天児屋命が配祀されているのは、前述したように興福寺の支配を受けたことを示すと考えられるが、中座すなわち主祭神が、神鏡を鋳造した石凝媛命と明記されている点は、注目される。

江戸時代の主祭神は「天照大御神之御魂」

次に、大神《おおみわ》神社の宮司であった斎藤美澄が明治二十三（一八九〇）〜二十七年に編纂した『大和志料』（一九四四〜四六年に改訂版が発行）をみると、鏡作坐天照御魂神社に関する史料として注目すべきものに次の二つがみられ、祭神の変遷が確認できる。

①天文二年（一五三三）の法印真長の社記…「中座石凝姥命、右座天糠戸命、左座天児屋命」とする。これは、『大和国城下郡鏡作大明神縁起』と比べると、三祭神名は共通しているが、右座と左座の祭神が入れ替わっている（『鏡作大明神縁起』では、右座は天児屋命、左座は天糠戸命）。

②『穴師神主斎部氏家牒』（『大倭社注進状裏書』所引）に引かれる社伝…「中座は天照大御神之御魂、左座は天糠戸神、右座は石凝姥命」とする。『大倭社注進状裏書』の後書きによれば、これを記した大倭直盛繁は後鳥羽天皇（在位一一八三〜九八年）の時代の人物であるという。しかし、谷川健一編『日本の神々四　大和』によれば、『大倭社注進状』は偽書で、実際には江戸時代の宝永年間（一七〇四〜一一年）に作成されたものと考えられるという。

『大和国城下郡鏡作大明神縁起』や『大和志料』の①②を勘案すると、中世には石凝姥命が主祭神視されていて、それに天糠戸命と天児屋命が配祀されていたが、江戸時代なかば頃には、中座は「天照大御神之御魂」に変わっていた、ということになろう。

「八咫鏡の分身の試作品が鋳られた」という伝承は江戸時代からか

だが、それにしても「天照大御神之御魂」とは、いかなる神であろうか。単純に「天照大御神《あまてらすおおみかみ》の御魂」と解してよいのだろうか。それともこれは「アマテル神の御魂」ということだろうか。そしてまた、現在の主祭神である天照国照彦火明命と関係があるのだろうか。

『大和志料』に引かれている『穴師神主斎部氏家牒』をもう少し詳しくみておこう。『穴師神主斎部氏家牒』は、鏡作坐天照御魂神社に関して、こう記している。

鏡作神社三座

神名帳に云ふ。大和国城下郡鏡作坐天照御魂神社一座。大。月次。新嘗。

社伝に云ふ、中座天照大御神之御魂なり。伝へ聞く、崇神天皇六年九月三日、この地において日の御象《みかた》の鏡を改めて鋳り、天照大神之御魂となす。今の内侍所の神鏡なり。即ち当社はその像鏡を斎《いつ》き奉る。爾来、この地を号して鏡作と曰ふ。

神名帳に云ふ、〔鏡作麻気神社一座、鏡作伊多神社一座。社伝に云ふ、〕左座麻気《まけ》神は天糠戸神、大山祇《おおやまづみ》の子なり。この神は日の御像を鏡に鋳て作る。今、伊勢に崇《いつ》き秘《まつ》る大神なり。按ずるに、斎部家牒、古語拾遺に反するも、神代巻と符合す。右座伊多神は石凝姥命なり。天糠戸命の子なり。この神は日象の鏡を鋳て作る。今、紀伊国日前神これなり。（原文は漢文。〔〕内は欠落と思われる文字を『大和志料』が補ったもの）

前半の記述を詳しくみてみると、中座が「天照大御神之御魂」であることは、崇神朝にこの地で「日の御象の鏡」が鋳られ、それを「天照大神之御魂」としたことにちなむという。その鏡とは、「内侍所の鏡なり」というのであれば、『古語拾遺』などにみられる、のちに伊勢神宮に祀られることになる八咫鏡の分身としてつくられ、宮中の内侍所に安置されたとされる、神鏡のことをさしているのだろう。そして、当社すなわち鏡作坐天照御魂神社は「その像鏡」を祀っているという。『大和志料』は、「像鏡」とは要するに八咫鏡の分身を鋳る際に試鋳された鏡のことであろうと解説している。たしかに、そう解釈すれば、全体の文意が通る。

整理すれば、崇神朝に八咫鏡のレプリカとして神鏡（のちに宮中の内侍所《ないしどころ》に神璽として安置される）が鋳造された際、試鋳された鏡（像鏡）を「天照大御神之御魂」として、また御神体として奉斎したのが、鏡作坐天照御魂神社のはじまりだ、ということだろう。

ここにきて、ようやく、「崇神朝に鏡作の地で八咫鏡の分身の試作品（像鏡）が鋳られて、神として祀られた」という現行の社伝の骨子が確認できたことになる。実際、現在の社頭の案内板に「社伝によると」という但し書きのもとに引用されている文章は、天照国照彦火明命の名を挙げる部分を除けば、この『穴師神主斎部氏家牒』とほぼ同じである。

そして、『大和志料』の編者は、「天照大御神之御魂」すなわち「天照御魂《あまてるみたま》」の別号が「火明《ほあかり》」すなわち天照国照彦火明命であろうとし、当社は、もともとは石凝姥命の子孫である鏡作氏によって試鋳された鏡（像鏡）を、天照御魂あるいは火明命として奉斎したもので、もとは一殿であったが、後に近在の鏡作麻気神社・鏡作伊多神社の二社をその左右に祀り、鏡作三所社と称したが、後世になってその祭神が誤り伝えられ、今日に至っているのだろう、と見解を述べている。つまり、「天照大御神之御魂」を、皇室の祖神であるアマテラス神とはあくまで区別して、アマテル神とし、その別称を現在の主祭神名である天照国照彦火明命ととらえている。

いずれにしても、このようにみると、「崇神朝に八咫鏡の分身が鋳られた際の試作品を御神体として神社が創祀された」という伝承は、文献上では江戸時代になってはじめて登場するということになる。

弥生時代にさかのぼる工人集団の鏡作氏

ところで、鏡作坐天照御魂神社が鎮座する一帯（田原本町八尾付近）は、冒頭に述べたように、古くは鏡作郷といった。

なぜ「鏡作」と呼ばれたかといえば、この地で鏡作りが行われ、鏡作りを職掌とした鏡作氏が居住していたからである。そのことは、先に挙げた『穴師神主斎部氏家牒』にも示唆されている。

鏡作氏は、古代において鏡の製作に従事した鏡作部《べ》を率いた氏族で、部民を統率・管理したいわゆる伴造《とものみやつこ》氏族である。

その由緒は古く、『日本書紀』『古事記』は、神鏡をつくった天糠戸神もしくはその御子である石凝姥命が鏡作氏の遠祖であると伝えている。

鏡作氏の姓《かばね》ははじめは造《みやつこ》であったが、天武《てんむ》朝により地位の高い連姓《むらじ》を得た。『日本書紀』天武天皇十二年（六八三）十月五日条には、「鏡作造に連の姓を賜う」の記事がある。この時代、鏡が宝器としてとくに重んじられるようになったことを示しているのだろう。

その鏡作氏の本貫《ほんがん》（本拠地）が大和国城下郡の鏡作郷であったわけで、鏡作坐天照御魂神社をはじめとする鏡作三所大明神とは、鏡作氏の氏神であったともいえる。ちなみに、和田萃氏は、鏡作氏の直接の祖先神は天糠戸神で、石凝姥命は守護神的な存在であろうと推測している（「古代日本における鏡と神仙思想」）。また、天糠戸はアマノアラトと訓むのが本来で、アラトとは鏡作りに必須の道具である粗砥《あらと》（砥石の一種）のことで、糠はヌカとも訓むので、アメノヌカトの訓みも生じたと論じている。

『鏡作大明神縁起』によれば、近世以前には各地の鏡作師たちが鏡作坐天照御魂神社を訪れて行事を行ったという。境内には、鏡職人が鏡を洗い浄めたという鏡池があり、鏡の研磨に用いられたと推察される「鏡石」が池から出土している。

また、現在の鏡作麻気神社に掲げられた案内板によれば、「現在、大阪府の東大阪を中心とした小阪・今里・八尾には金属加工業が多いが、この金属加工の人々の先祖は、大和の田原本町付近つまり旧鏡作郷付近と伝えられ、田原本町に小阪・今里・八尾の地名が共通することと関係するかもしれない」という。

さらに興味深い事実もある。鏡作坐天照御魂神社から北へ一キロも行かないところには、弥生時代の代表的な農耕集落跡として知られる唐古《からこ》・鍵《かぎ》遺跡があり、ここからは銅鐸の鋳型の破片、フイゴ羽口《はぐち》、コークス状の土塊などの金属鋳造関係の遺物が出土している。つまり、弥生時代にはすでに金属鋳造の工人集団がこの地域に存在していたのだ。

ということは、鏡作氏とは、このような弥生時代の金属加工にかかわる工人集団もしくは技術を継承した氏族ではないか、とも考えられるわけで、その歴史が相当に古い可能性を秘めている。このことは、鏡作坐天照御魂神社の歴史の古さをも傍証するものだろう。

神宝・三角縁神獣鏡の謎

ここで、鏡作坐天照御魂神社の「神宝」として伝えられている古鏡、三角縁神獣鏡に話題を移そたい。

神社側の説明によれば、この神獣鏡はあくまで「神宝」であって、これとは別に、「御神体」つまり八咫鏡の分身の試作品（試鋳鏡）が本殿に奉斎されているのだという。また、神宝としての神獣鏡がいつから神社に伝えられるようになったのかは不明であるという。

しかし、そうはいっても、この蒼古たる鏡の写真をみれば、これこそが本来の御神体だったのではないか、この鏡こそが鏡作氏の遠祖が作ったものであり、そしてアマテル神の正体なのではないか——と多くの人が考えるところだろう。

その可能性はあるのだろうか。

日本国内で五百枚以上出土している三角縁神獣鏡については、中国の皇帝から下賜され、それが日本でも模造されて広まったとする説が通説となってきたが、すべて日本製とする見方もあり、「舶載鏡（中国鏡）か、それとも中国鏡を模倣した仿製鏡《ぼうせい》（倭鏡）か」で議論が続いている。しかしいずれであれ、三角縁神獣鏡は古墳時代前期（三世紀後半〜四世紀）の古墳を代表する副葬品であり、鏡作坐天照御魂神社の三角縁神獣鏡もその頃に伝来期もしくは製作期をさかのぼるものだろう。

鏡作坐天照御魂神社の三角縁神獣鏡は、より精密には、その様式から唐草文帯三神二獣鏡に分類される。和田萃「古代日本における鏡と神仙思想」によれば、この唐草文帯三神二獣鏡には同笵鏡《どうはんきょう》（同じ鋳型もしくは原型から作られたと考えられる鏡）があり、それは愛知県犬山市白山平の東之宮《とうのみや》古墳から発見されたものだという。

東之宮古墳は墳丘長七十二メートルの前方後方墳で、石製品七点、玉類百四十一点、鏡十一面、鉄製品六十点と多数の副葬品がみつかっている。古墳築造の年代は四世紀中葉もしくは後半と考えられており、愛知県の前方後方墳の中では、最古・最大であるという。

9 鏡作坐天照御魂神社の三角縁神獣鏡はやはり御神体とは別

しかし、唐草文帯三神二獣鏡は当初から鏡作坐天照御魂神社に安置されていたとはかぎらない。

そのことは、その特徴的な外形からも立証することができる。

鏡作坐天照御魂神社の唐草文帯三神二獣鏡は、注目すべきことに、外側の周縁部（外区、三角縁の部分）が丸ごと欠損しているのである（内区の径は十三・七センチ）。これは非常に珍しい。

和田氏によれば、「こうした例は、他にほとんどなく、人為的になされたと考えざるをえない」という。そして、神社の周辺に目を転じてみると、付近には黒田大塚古墳のような前方後円墳や、小円墳が散在している。

鏡作坐天照御魂神社の神宝である三角鏡神獣鏡。外縁が欠損している。『日本考古学大系』（1925年）より。

また、真東に五キロほどの場所には、三十三枚もの三角縁神獣鏡が出土したことで知られる黒塚古墳がある。こうしたことから、和田氏は、神社近傍の古墳から出土した鏡に手が加えられ、ある時期からそれが神社に奉祀されたのではないか、と推測している。

一方、前出の『日本の神々四　大和』は、外区の欠けた唐草文帯三神二獣鏡は、本来は鏡制作の原型として使われたものではないかと推論している。八尾の鏡作りの工人は唐草文帯三神二獣鏡を鏡の鋳型の原型として用いていたが、使用しているうちに外区が欠けてしまい、鋳型の原型としては使用できなくなったために神社に奉納し、それが神宝として伝えられたのではないか、ということである。

いずれの説をとるにしても、鏡作坐天照御魂神社に伝来する唐草文帯三神二獣鏡が創祀以来の神社の御神体であったことは考えにくいということになる。御神体として秘されていたならば、外区が丸ごと欠損することはないはずだ。

そうすると、社伝縁起にみえる、神鏡鋳造の際に試鋳された像鏡との直接的な関係も考えにくいということになろう。

そもそも、縁起の通りに、鏡作坐天照御魂神社の御神体が八咫鏡のレプリカの試鋳鏡であるなら、それは純国産のものであるべきだが、現実の唐草文帯三神二獣鏡は中国製か、もしくは日本製であったとしても中国鏡をモデルとしたものと考えられるので、「純国産」たるべき八咫鏡の係累にはふさわしからぬものということになろう。

また、これまで取り上げてきた鏡作坐天照御魂神社の古縁起類が、神宝として蔵する神獣鏡に関して全く言及していないというのも腑に落ちない。

このようなことからすれば、縁起にいう御神体としての試鋳の鏡と、唐草文帯三神二獣鏡とは、やはり切り離してとらえるのが妥当だろう。

なぜ鏡作坐天照御魂神社は八咫鏡と結びついたのか

結局、鏡作坐天照御魂神社はどういうルーツをもち、なぜ祭神が変遷を続け、そしてまた八咫鏡と結びつけられることになったのだろうか。

鏡作郷（八尾）にて古くから鏡作りに従事する鏡作氏が、自分たちの職掌のシンボルである鏡を「天照御魂」という神（アマテル神）として本貫に祀ったのが、おそらく鏡作坐天照御魂神社のはじまりであったのだろう。その際には、氏神である石凝姥命、天糠戸神をも合わせて祀ったに違いない。

そして、天照と書いてアマテラスではなくアマテルと読ませたのは、彼らが奉斎する鏡が皇室の祖神であるアマテラスの御霊代《みたましろ》である八咫鏡そのものではないこと、つまり、皇室が奉斎する神鏡ではないことを鏡作氏が意識したからだろう。

補足をしておくと、神話学者の松前健によれば、テラスはテルの敬語法であり、アマテルに特別な敬称をつけたのが、アマテラスと考えられるという（『日本神話の謎』）。

しかし、神社は次第に鏡作氏の氏神としての側面が強調されようになったことから、中世には本来の主祭神であるアマテル神の影が薄れ、その代わりに、この一帯を支配した藤原氏の氏寺・興福寺の影響で、藤原氏の氏神・天児屋命が祭神に加えられるようになった。

ところが、江戸時代になると、本来の祭神アマテル神が再びクローズアップされるようになり、この神は八咫鏡の分身を鋳る際の試作品の神霊とみなされるようになった。その理由としては、『古語拾遺』にみえる「石凝姥命の神裔（つまり鏡作氏の遠祖）が八咫鏡の分身（神璽の神鏡）の製作に携わった」という伝承や、石凝姥命が鋳た「八咫鏡の試作品」が祀られているという日前神宮・国懸神宮の鎮座伝承、そして神宝として伝来していた三角縁神獣鏡などがヒントになって、この神社を尊崇する鏡作職人たちのあいだに「崇神朝に神璽の神鏡を鏡作氏が新鋳し、その際の試鋳鏡を神として祀った」という伝承が新たに生じた、ということが想定できよう。

もちろん、そうした伝承の土壌には、この地を本拠とした鏡作氏が王権祭祀に用いられた鏡を作ったという言い伝えもあっただろう。

もうひとつのアマテル神社、他田坐天照御魂神社

ただし、鏡作坐天照御魂神社の起源については、全く別の側面からアプローチすることもでき

他田坐天照御魂神社に比定される桜井市太田の春日神社。

る。

　そのアプローチのとっかかりとなるのは、奈良盆地に鎮座するもうひとつの「天照御魂神社」、他田《おさだ》坐《にます》天照《あまてる》御魂《みたま》神社である。『延喜式神名帳』の大和国城上《しきのかみ》郡の項にみえる「他田坐天照御魂神社」については、桜井市太田の春日神社に比定する説と、同じく桜井市戒重の春日神社に比定する説があるが、『大和志料』も「憑拠（根拠）なし」とするも、とりあえず太田説をとっていて、現在もこちらが有力となっているといえる。

　そして、『大和志料』は、他田坐天照御魂神社について、「鏡作坐天照御魂神社と同じく、天照大神の御像鏡の霊を祭る故に天照御魂社と称す」と記し、この神社の祭神を鏡作社と同様、アマテル神とする。さらに正倉院蔵の天平十四年（七四二）十一月の文書に「他田」を名乗る人物が

桜井市辻地区の纒向遺跡。大型建物の遺構が出土している。

「鏡作」を名乗る人物の「戸口《ここう》（家族・一族）」であることが記されていると指摘したうえで、「当時、鏡作氏の支族に他田氏という一族があり、他田坐天照御魂神社は、その他田氏が、鏡作の天照御魂神社を遷し祀ったものだろう」と論じている。

9 纒向遺跡の中心にあるアマテル神社

ここで注目したいのは、他田坐天照御魂神社すなわち太田の春日神社の鎮座地である。ここは、現在は住宅地の中にポツンと取り残されているようなところだが、考古学的には非常に興味深い場所にあたる。

三輪山西麓、太田地区を含む桜井市の北部には、古墳時代の遺跡として知られる広大な纒《まき》向《むく》遺跡が広がっている。そして平成二十一年

（二〇〇九）、この纒向遺跡のほぼ中央にあたる桜井市辻地区から三世紀前半のものと考えられる大型建物跡がみつかり、「卑弥呼の居館跡か」とマスコミに報じられて話題になった。場所は、ＪＲ桜井線（万葉まほろば線）の巻向駅の西北付近である。

その場所から西に数十メートルの地に鎮座するのが、他田坐天照御魂神社なのである。

「他田」という呼称から、『日本書紀』に詳しい人なら、この神社がある一帯に対して、日祀部《ひまつりべ》（太陽崇拝の行事に従事する人々の集団とされる）を設置した敏達《びだつ》天皇（在位五七二～八五年）の他田《おさだの》（訳語田《おさだの》）幸《さき》玉宮《たまのみや》のことを連想し、六世紀の敏達朝と結びつけてしまうかもしれない。

しかし、神社を含む大型建物跡がある付近は「纒向」の中心地であり、纒向といえば、記紀にもとづけば、第十代崇神天皇から第十二代景行天皇までが王宮を置いたと考えられている、古代王権の要地でもある。そして、崇神朝の年代については、崇神朝に倭迹迹日百襲姫命《やまとととびももそひめのみこと》の墓として築かれたという纒向遺跡内に所在する箸墓《はしはか》古墳の年代が二四〇～六〇年とされていることから、三世紀頃とするのが有力となっている。

この年代は辻地区の建物跡の年代とかぶっており、ということは、この建物が崇神天皇の王宮であった可能性を十二分に示していることになる。

アマテル神社は大王家の神鏡神話の淵源

もし辻地区の建物群遺跡が崇神天皇の王宮（磯城瑞籬宮《しきのみずかきのみや》）の跡であったとしたならば、他田坐天照御魂神社はその王宮の敷地に含まれてもおかしくはない場所に鎮座していることになる。

崇神天皇といえば『日本書紀』や『古語拾遺』に、アマテラス大神との同床共殿を畏れて、その御霊代すなわち八咫鏡を皇女豊鍬入姫命《とよすきいりびめのみこと》につけて笠縫邑《かさぬいのむら》（桜井市三輪の大神《おおみわ》神社摂社檜原《ひばら》神社境内に比定する説がある）に遷し祀らせ、同時に八咫鏡の分身を鋳造させたと記されている天皇である。ということは、当初は王宮内で八咫鏡を奉斎していたことになるので、辻地区の建物群遺跡は、天皇が神鏡を奉斎した跡地と考えることもできる。

その場所に、鏡との関係が深い天照御魂神社が鎮座しているということは、この神社のルーツが、崇神朝の八咫鏡の奉斎地、あるいは八咫鏡が安置されていた宝庫のような建物にあることを示しているのではないだろうか（昭和四十六年〔一九七一〕には、神社に隣接する場所から神マツリに使用されたと推測される穴が多数発掘され、祭祀土坑群と名付けられている）。

イメージとしてはこういうことである。

崇神天皇は当初、八咫鏡を王宮の宝庫に安置して祀っていた。

ところが、しばらくすると、その霊威を畏れるあまり、近くの笠縫邑に専用の祭祀場をつくり、そこに八咫鏡を遷し祀った（最終的には伊勢に祀られることになる）。

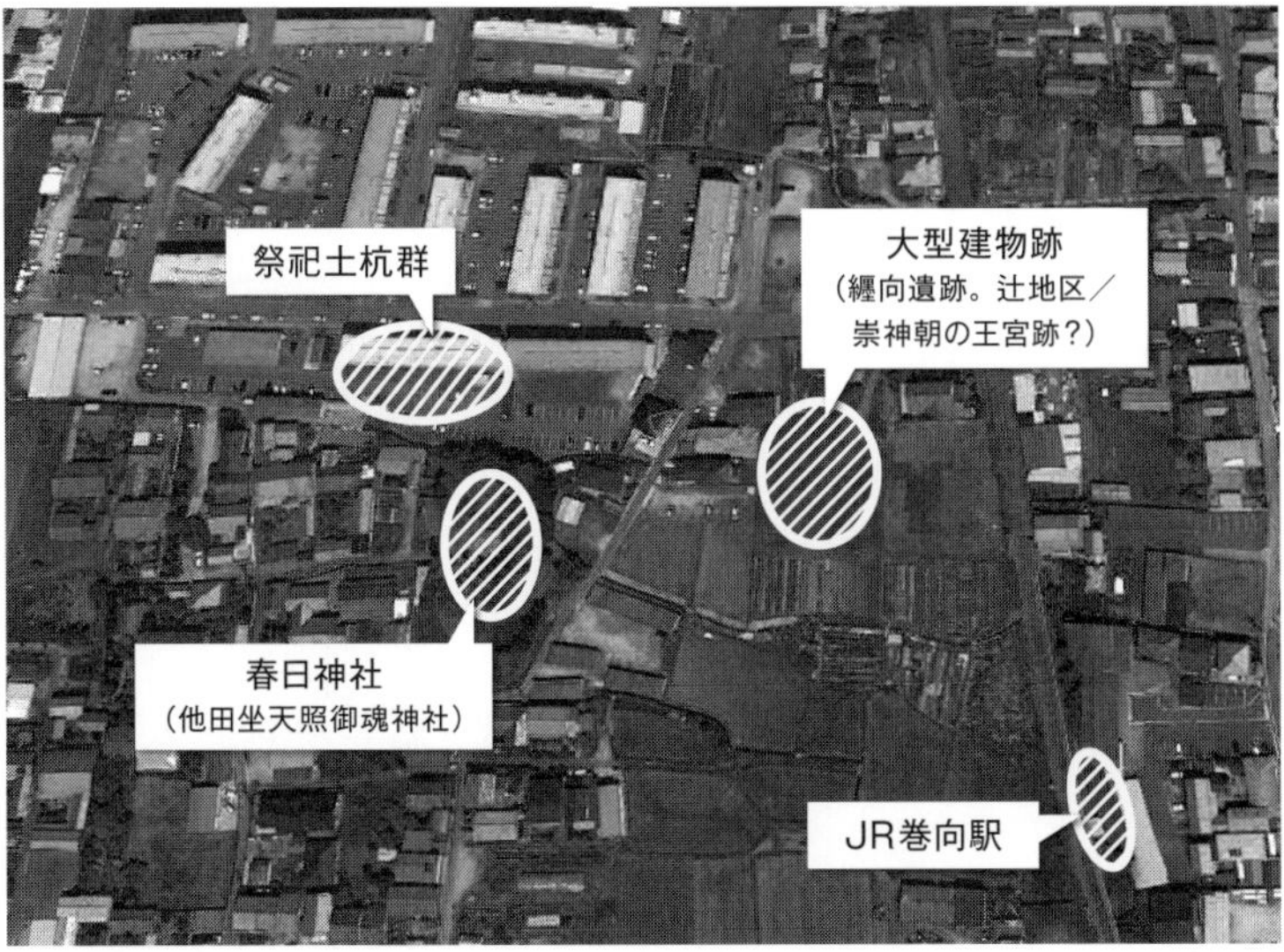

大型建物跡が出土した纒向遺跡（奈良県桜井市辻地区）と春日神社（他田坐天照御魂神社）の位置関係（©Google）。

一方、王宮には、八咫鏡の分身として鏡作氏によって鋳られた神鏡が代用として安置された。

だが、天皇が崩御すると、王宮は纒向から遷り、元の宮殿は撤去され、八咫鏡の分身である神鏡もまた運び去られた。

しかし、その王宮の跡地には、かつて聖なる八咫鏡が奉斎されていた証しとして、鏡の神格化である「アマテル神」が祀られた。

すなわち、他田坐天照御魂神社の創祀である。

また、アマテルという神名は、創祀されたころは、八咫鏡の神霊であり天皇家（大王家）の守護神であり、かつ太陽の神格化ともされた神が、まだアマテラス大神とは呼ばれず、ごく素朴に——敬語的な表現をともなわずに——アマテル神と呼ばれていたことをも示唆していたのではないだろうか。

さらにいえば、『大和志料』は他田坐天照御魂神社を鏡作坐天照御魂神社の分社と推測しているが、他田坐天照御魂神社の鎮座地の重要性を鑑みれば、真実は逆なのではないか。

つまり、鏡作坐天照御魂神社とは、大王家が祭祀する鏡の制作に従事していた鏡作氏が氏神を創祀しようとした際に、王宮の神鏡の奉斎地をルーツとする他田坐天照御魂神社からその分霊を勧請することによって生じた神社なのではないだろうか。

＊

「アマテル」という神名を残して纒向という古代王権の聖地に鎮座する他田坐天照御魂神社。

そして、その片割れともいえる鏡作坐天照御魂神社。

大和に残る二つのアマテル神社の杜には、古代王権の権威確立に大きな役割を果たした八咫鏡をめぐる神話の古層が秘められている。

第七章

善光寺の秘仏、阿弥陀三尊像

絶対秘仏の善光寺如来

信州長野の善光寺《ぜんこうじ》（長野市長野元善町）といえば全国屈指の名刹だ。飛鳥時代の皇極《こうぎょく》天皇元年（六四二）の創建と伝えられ、今日では年間およそ六百万人もの参詣者が訪れるという大寺院である。かくも多くの人を惹きつけるこの寺院の磁力の源泉は、いうまでもなく、本尊の金銅製阿弥陀三尊像《あみださんぞんぞう》だ。

この本尊は善光寺如来とも呼ばれ、中尊（阿弥陀如来）とその左右の脇侍《わきじ》（勢至菩薩《せいしぼさつ》と観音菩薩）からなる三体の尊像が一つの大きな後光（舟形後背《ふながたこうはい》）を負って立つという独特の様式をもち、これを一光三尊阿弥陀如来像、あるいは善光寺式阿弥陀三尊像などという。

寺伝によれば、この仏像は六世紀に朝鮮半島の百済《くだら》からもたらされたもので、日本最古の仏像であるといい、また、釈迦の在世時にインドで出現し、百済を経て日本に渡来した、三国伝来の仏像であるともいう。また、古来「生身《しょうじん》の如来様」といわれ、人肌のぬくもりをもつという。さらには、聖徳太子と手紙を交わしたという伝説もある。

しかし、善光寺の本尊像が放つ威光は、決して日本最古・三国伝来という伝説だけによるのではない。

善光寺本尊はいつの頃からか「絶対秘仏」として尊崇され、本堂の瑠璃壇に置かれた厨子《ずし》の内にしまわれたまま、決して人々の前に姿を現すことがない。このことが、逆説的ではあるが、この仏

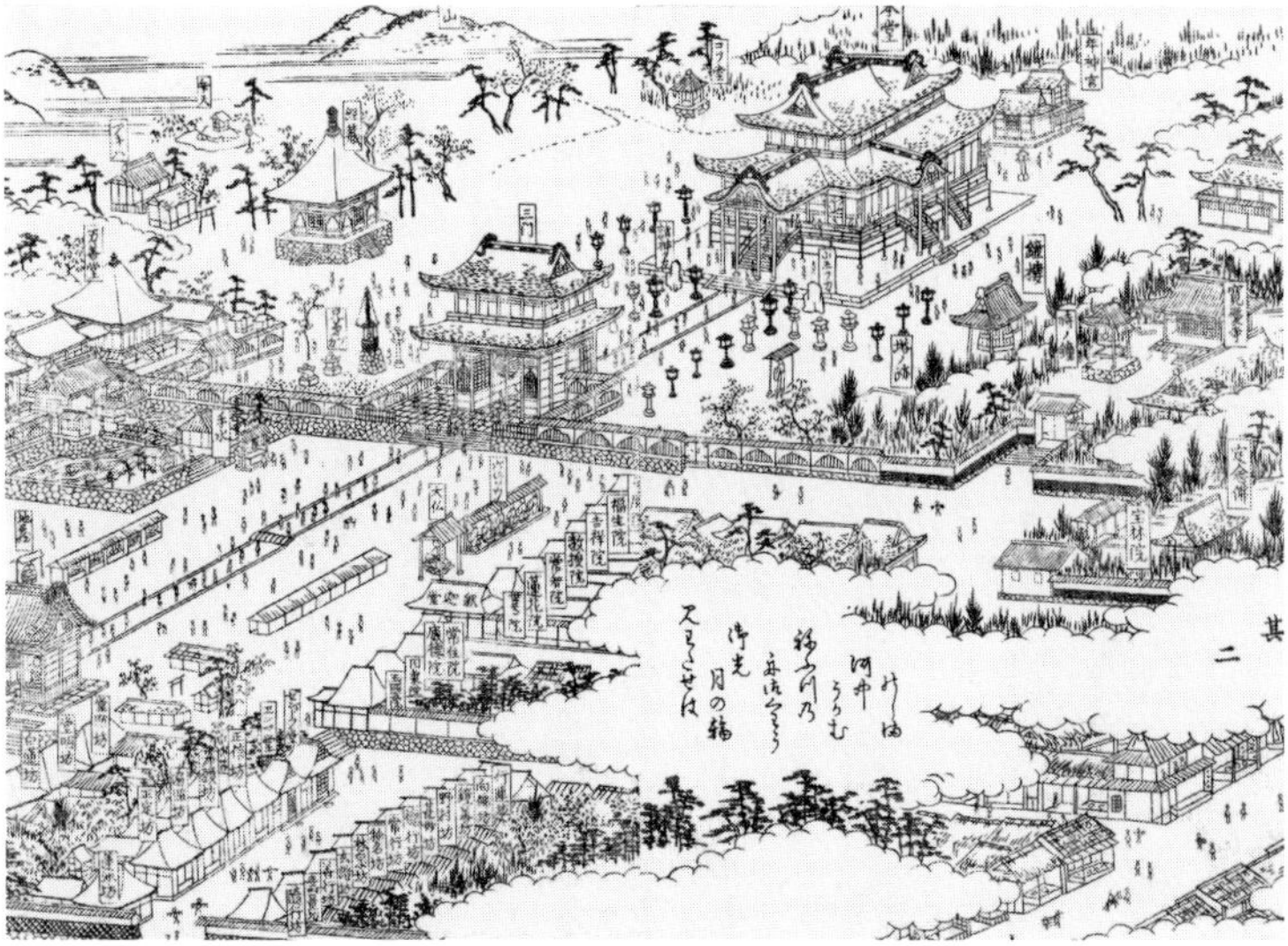

江戸時代の善光寺。『善光寺道名所図会』（1849年／県立長野図書館蔵）より。

像の威光を高め、この仏像に至上の神秘性を付与してきたのだ。

秘仏とは、厨子の中に秘蔵されて参拝者に公開されない仏像のことだ。このことによって仏像は神秘性を加味され、霊像として信仰されることになる。そのあり方は、神殿・本殿に奉安されて決して公開されることのない、神社の御神体に通じている。

ただし、秘仏であっても、時に厨子の扉を開いて一般に拝させることがあり、これを開帳という。開帳は周期的に行われることが多く、短いものでは一月や一年に一度、長いものでは、三十三年に一度、五十年に一度といったものがある。

ところが、なかには決して開帳をしないという究極の秘仏がある。つまり、参拝者はもとより歴代の住職すらその姿を拝することがかなわないわけで、こうした秘仏を「絶対秘仏」という。その代表が、東大寺二月堂の十一面観音、浅草《せんそう》寺の聖《しょう》観音、そして善光寺本尊（阿弥陀三尊）なのであり、この三像は日本三大秘仏といわれている。

「いや、善光寺の本尊は六年に一度、御開帳が行われているのだから、絶対秘仏ではないのではないか」

――そう声をあげる読者もいるかもしれない。たしかに、善光寺では六年に一度（子年と午年）、御開帳が行われる。最近では平成二十七年（二〇一五）の四月からおよそ二カ月間、御開帳が開催された。

しかし、この御開帳で参詣者に公開されるのは、善光寺の「本尊」ではなく、「前立本尊《まえだち》」である。善光寺の前立本尊は鎌倉時代に制作されたものと推測されているが、本尊の像容を忠実に模したものといわれ、本尊の分身、身代わりとして信仰されている。ふだんは宝庫に収蔵されているが、六年に一度の御開帳の期間のときにのみ本堂に運ばれ、その厨子の扉が開かれるのである。

そういうわけで、本尊の阿弥陀三尊像そのものはあくまでも絶対秘仏であり、そのことが人々の尊崇をいや増してきたのだ。

最終章は、「神宝ミステリー紀行」のいわば「番外編」として、絶対秘仏の「仏像」である善光寺の阿弥陀三尊像を取り上げてみたい。

六世紀なかばの仏教公伝で伝来した仏像は「宝」だった

善光寺の本尊・阿弥陀三尊像の由来は、日本の仏教史そのものと深い関わりをもっている。

『日本書紀』によれば、日本に仏教が伝来したのは、欽明天皇十三年（五五二）十月のことである。このとき、百済の聖明王《せいめいおう》は家臣の達率《だちそち》怒唎斯致契《ぬりしちけい》らを日本に遣わし、金銅の釈迦如来像一体、幡《はた》蓋《きぬがさ》、経論を天皇に献上した（「釈迦仏の金銅像一軀・幡蓋若干・経論若干巻を献《たてまつ》る」）。幡蓋とは、仏像の頭上につりさげる傘のような荘厳具のことである。

これを「仏教公伝」という。百済王が「達率」という百済第二位の官職にある高官を遣わし、「表」（公式な手紙）を添えて公式に仏教を伝えたとされるからである。

聖明王の手紙（表）には、次のようなことが書かれてあった。

この仏法は、諸々の法のなかで最も優れています。難解なもので、かの周公・孔子も知り給うことができないほどでしたが、仏法は無量無辺の福徳果報を生じ、無常の菩提《ぼだい》をなします。たとえば、人が〈物事が意のままになる宝（随意宝《こころのままなるたから》）〉を抱くと何でも思い通りになるように、この妙法の宝も思いのままになるのです。祈願は思い通りに達し、充足しないことなどありません。

また、遠く天竺《てんじく》（インド）から三韓（百済・高句麗《こうくり》・新羅《しらぎ》）に至るまで、この教えを信仰し、尊敬

百済から欽明天皇に献上された仏像と経巻。『聖徳太子伝図会』（1719年）より。

しない国などありません。
　それゆえ、百済王の臣《やつがれ》・明（聖明王）は、謹んで陪臣・怒唎斯致契を遣わして帝に伝え、国中に流布していただけるよう申し上げます。これは、仏が「我が法は東に伝わるだろう」と言われたことを、果たすためなのです。

　ただしこの『日本書紀』の仏教公伝記事は、唐で七〇三年に漢訳された仏典『金光明最勝王経《こんこうみょうさいしょうおうきょう》』の文言が用いられて構成されており、そのため、仏典に通じた『日本書紀』編者による造作が加わっているとみるのが通説となっている。聖明王が日本の大王に対して「臣」とへりくだるように名乗ったというのも、当時の外交関係を考えれば、はなはだ疑問である。
　そもそも、仏教公伝の時期そのものが、『元興寺縁起《がんごうじえんぎ》』や『上宮聖徳《じょうぐうしょうとく》法王帝説』（いずれも最終的な成立年代は平安時代だが、仏教公伝部分の記述は、より古い共通の文献をもとにしていると考えられている）などにもとづき、五五二年ではなく、欽明天皇の戊午《ぼご》年すなわち五三八年とする説が、現在では有力となっている。その説によれば、これを『日本書紀』が五五二年としたのは、ひとつには、紀編纂当時、この年が釈迦の入滅から数えて千五百一年目にあたり、仏教が末法に入る年と人々に考えられていたことに起因しているのだという。末法とは、仏法が衰退する時代のことだが、同時に、最終的には未来仏が出現して救済が行われ、仏法が再興に向かう時代であるとする捉え方もある。こうした解釈が『日本書紀』の編者に利用され、仏教公伝年が五五二年に設置されたというわけである。要するには、五五二年の仏教公伝は史実そのままではないということだ。

しかし、『元興寺縁起』や『上宮聖徳法王帝説』の記述を踏まえても、六世紀なかばの欽明天皇の時代に仏像・経論などが百済王から贈られて仏教が公伝したという伝承が古くから存在していたことは、ほぼ間違いないと考えられる。したがって、『日本書紀』の公伝記事をすべて造作とみるわけにはいかない。

そして、たとえ『日本書紀』の仏教公伝記事に潤色があるにしても、伝来した仏像が「随意宝」と言い換えられていることは興味を惹く。仏教公伝時、光り輝く金銅仏は、偶像というよりは、霊異をもたらす「神宝」のバリエーションとして認識されていた――という日本の朝廷側の見方がここにほのめかされているからである。

なお、欽明朝の仏教公伝時にもたらされたものについては、『元興寺縁起』は「太子像⊠《なら》びに灌仏《かんぶつ》の器一具、及び仏起を説ける書巻一篋《はこ》」、『上宮聖徳法王帝説』には「仏像、経教、☒《あは》せて僧等」とあり、『日本書紀』の記述とは若干の違いがみられる。とくに注目されるのは『元興寺縁起』の「太子像」で、「灌仏の器」とセットになっていることから、これは灌仏会《え》に用いられる悉達太子《しったたいし》像つまり誕生仏のことと考えられ、『日本書紀』の「金銅の釈迦如来像」とは似て非なるもの、ということになる（誕生仏も広義では釈迦如来にはなるが）。『日本書紀』の仏教公伝記事に潤色性が強いことを考えれば、日本に最初にもたらされた仏像は「太子像」である可能性が高い。

蘇我氏の私邸に祀られた日本初の仏像

『日本書紀』に戻って、同書に拠りながら仏教公伝のあらましをたどっておこう。
百済の使者を介して仏法を聞き知った欽明天皇は歓喜踊躍するが、それを受容するかどうかをひとりで決めることはできないとし、群臣たちにこうはかった。

西の隣国が奉った仏の顔は端麗で（仏の相貌《かほ》端厳《きらぎら》し）、いまだかつて見たことがないほどである。
これを礼拝すべきだろうか。

「端厳し」も『金光明最勝王経』の文章を借りた表現といわれているが、天皇が強烈な印象を受けたのは、仏法そのものというよりは、鍍金されて輝きを放つ仏像の外見だったことが強調される格好になっている。それは、従来の「神宝」に慣れていた人間にとっては全く未知の「宝」であり、幕末の人々が黒船を目にしたときのような衝撃を味わったことだろう。

天皇の問いかけに対し、まず大臣《おおおみ》の蘇我稲目《そがのいなめ》は「西隣の諸国で信仰されています。我が国のみが背くことができましょうか」と答えて崇仏を主張した。

対して、大連《おおむらじ》の物部尾輿《もののべのおこし》と、古来朝廷の祭祀を司っていた中臣《なかとみ》氏の中臣鎌子《かまこ》は、こう主張した。

> 我が国の天皇は、常に天地の数多の神々を春夏秋冬、お祀りしてこられました。今、それを改めて異国の神（蕃神《あだしくにのかみ》）を拝めば、おそらく国つ神の怒りを受けるでしょう。

仏が「蕃神（他し国の神）」と呼ばれ、日本在来の神とさほど異質のものとして受け止められていなかったという点が興味深いが、要するにこれは排仏の主張だった。

このように意見が分かれると、天皇は「願っている稲目にこの仏像を授け、試みに礼拝させてみよう」と述べ、稲目は跪いてこれを受けて喜び、小墾田《おはりだ》（現・奈良県明日香村北部の地名）の家に安置した。そして仏道修行に励み、向原《むくはら》（明日香村豊浦《とゆら》付近）の家（前出の小墾田の家とは別の家か）を浄めはらって寺とした。

欽明天皇は仏教受容に積極的だった

ここまでの展開をまとめると、天皇は当初、仏教に賛同しかけたが、排仏派の意見に圧され、やむなく崇仏派の蘇我稲目に仮に仏像を託して様子をみることにした——ということになる。つまり、天皇は仏教の受容に消極的・懐疑的だったということになる。

しかし、古代の神祇祭祀においては、天皇（大王）が直接祭祀するのはアマテラス（皇祖神）のみであり、他の神々は、その神々を氏神とする氏族・豪族に委託して祭祀させるというのが伝統的なスタイルだった。たとえば、記紀には、崇神《すじん》天皇が三輪山《みわやま》の神・大物主神《おおものぬしのかみ》を、天皇自身が祀るのではなく、大物主神の神裔である大田田根子《おおたたねこ》に祀らせることによってその祟りを鎮めた、という有名な挿話がある。

そのことを念頭に置いて改めて『日本書紀』を読み直せば、欽明天皇は、仏という「蕃神」の祭祀にあたっても、従来の神祇祭祀と同様のスタイルを貫き、直接祀るのではなく、仏法にいち早く帰依《きえ》していた豪族・蘇我氏に委託して祀らせたのだ——と読み解くことも不可能ではない。少なくとも、いくら天皇が仏教に賛意を表したとしても、宮中にいきなり「蕃神」を祀るということはありえないことだった、とは言えるだろう。

このように考えれば、「欽明天皇は、仏教の受容にじつは積極的だった」ということにもなる。仏という異国の神に由来する未知の「神宝」が、どんな呪力・霊異をもたらしてくれるのか興味津々

物部氏の訴えにより、難波の堀江に廃棄される日本初の仏像。『聖徳太子伝図会』より。

といったところだっただろう。

物部氏によって廃棄された仏像

仏像が蘇我稲目に託されて祀られてからしばらくたつと、国に疫病が流行り、多くの民が命を失い、なすすべがなかった。

物部尾輿・中臣鎌子はこれを崇仏のせいと主張し、「一刻も早く仏像を投げ棄てて、幸福をねんごろに求めるべきです」と天皇に奏上した。

「奏上のとおりにせよ」と天皇が答えると、役人は仏像を難波《なにわ》の堀江（場所については、摂津説と大和説がある）に流し棄て、寺に火をつけ、寺は跡形もなく焼けてしまった。するとそのとき、天に風雲もないのに、突然、大殿（天皇の宮殿）が炎上した。

『日本書紀』の仏教公伝記事はこれで終わるが、同書によれば、次の敏達朝でも、蘇我稲目の子の馬子が自邸に仏殿を建てて仏像を安置するも、物部尾輿の子の守屋がその仏殿を焼き仏像を棄てるという破仏事件が生じている（五八五年）。

こうして崇仏派の蘇我氏と排仏派の物部氏の対立が激化するが、用明天皇二年（五八七）には馬子がついに挙兵して守屋を討伐。物部氏の地位は凋落し、排仏派の敗北が決定的となった。そして以後、蘇我氏の主導で仏教が朝廷に受容され、日本に浸透してゆくことになる。

物部氏の排仏を強調する仏教公伝記事は後世の創作か

仏教公伝にともなう崇仏派の蘇我氏と排仏派の物部氏のこのような激しい対立は、かつてはほぼ史実としてみられてきたが、近年ではこれに懐疑的な見方が広がっている。

なぜなら、物部氏も当初から仏教に好意的だった可能性が指摘されるようになったからである。物部氏は河内国渋川郡（大阪府八尾市付近）を本拠地としたが、この地にあった渋川廃寺は物部氏の氏寺であった可能性が指摘されているのだ。

朝廷内で蘇我氏と物部氏が政治的に対立していことはおそらく事実であっただろう。しかし、『日本書紀』の仏教公伝記事における「崇仏派蘇我氏 vs. 排仏派物部氏」という図式は、その抗争史を物部氏が最終的に仏敵として討伐されたという内容に脚色するために、後世に仮作されたものではないのか、要するに一種の「説話」ではないのか——という見方ができるのだ。

むしろ、両者は、仏教に象徴される先進文物の導入をめぐって主導権争いを繰り広げた、というのが真相だったではないだろうか。

だが、もし説話であったとしても、この公伝記事は、伝来当初の仏教が日本人にどのように受け止められていたのかということを考えるにあたって、有意義な情報を与えてくれる。

そのひとつは、繰り返しになるが、仏が「蕃神」、つまり他国からもたらされた新来の「神」としてとらえられていた点である。つまり、伝来当初、仏は伝統的な神観念の延長線上で認識され、在来の神と質的に異なるものとは考えられていなかったとみられるのだ。そして、その蕃神が安置された寺や仏殿とは、仏像を御神体として「仏」という神を祀るお宮でもあった。

また、稲目の崇仏による疫病の発生は、崇神朝に祭祀をなおざりにしたことに怒った大物主神が疫病を流行らせたのと同じように、在来の国つ神の祟りを表現しているとみなすことができるが、その次の、仏像を棄て寺を焼いたことで宮殿に火災が生じたというくだりは、棄てられた仏像が神として祟りをなしたと読み解くことができる。すなわち、当時の人々が「仏も神の一種なのだから、当然、祟ることがあるのだ」という認識をもっていたことをこの記事は示唆している（伊藤聡『神道とは何か』）。

仏像は新種の「神宝」として、古墳時代以来社会を規制してきたさまざまな価値観・通念に一大変革を迫る呪物として、日本人の前に出現したのである（また、物部氏は本来的には天皇の所有物である石上神宮の神宝を司る役目を負っていたわけだから、物部氏の後ろ盾になっていた神宝に対して、蘇我氏は「仏像」

という新たな宝器を掲げてライバルを凌駕しようとした、という見方も可能である)。

『善光寺縁起』と日本最初の仏像

『日本書紀』は、百済の聖明王から欽明天皇に献上され、蘇我稲目の自邸に安置された釈迦仏について、それが物部氏らによって難波の堀江に棄てられた後のことに関しては、皆目記していない。文脈からすれば、海の底に沈み、以来そのままとなってしまったと誰しもが想像するところだろう。

ところが、日本には、この棄てられたはずの仏像、すなわち日本最初の仏像を本尊としていることで知られる古刹が存在する。それが、信州の善光寺なのである。

室町時代の応永年間(一三九四~一四二八年)に編纂されたという説のある、現在一般に流布している善光寺創建伝説のベースにもなっている、『善光寺縁起』(『続群書類従』巻第八一四所収。以下、『応永縁起』)は、この仏像の由来について、およそ次のように記している。

推古天皇八年(六〇〇)、信濃国の本田善光《よしみつ》が国司にあわせて都に向かった折、たまたま難波の堀江にさしかかると、水中から光り輝く仏像が出現した。それは、物部氏らによる破仏によって投げ棄てられた、かの阿弥陀三尊像であった。仏の示現《じげん》に歓喜した善光は三尊像を背負って故郷に帰った。このとき、尊像は昼は善光の背に付き、夜は善光を加護したという。善光は信濃伊那郡宇招村《うぬま》（現在の飯田市）の自宅に草堂を建ててこれを安置した。

その後、皇極《こうぎょく》天皇の時代になると、如来のお告げにより水内《みのち》郡芋井郷すなわち現在地に堂は移された。それは本善堂と呼ばれ、善光寺の起源となった。


さらに『応永縁起』によれば、そもそもこの仏像は、釈迦の在世中に、不信心者だったものの娘の病気が釈迦の教えによって治ったことをきっかけに仏教に帰依した天竺の月蓋《がっかい》長者の発願によって生じたもので、その後、百済に飛来し、そして聖明王の手をへて日本に渡ったのだという。また、聖明王、本田善光は月蓋長者の生まれ変わりだったとされている。

『応永縁起』は、はたしてどれだけの史実を含んでいるのだろうか。

善光寺に関する縁起はじつはいくつも存在するのだが、その中で現存最古に位置づけられているのが、『扶桑略記《ふそうりゃっき》』に引かれているものだ。

『扶桑略記』は神武天皇から堀河天皇（在位一〇八六～一一〇七年）までの仏教を中心とした歴史書で、編者は比叡山の学僧・皇円《こうえん》とされ（異説もある）、平安時代末期の成立である。

同書の欽明天皇十三年の仏教渡来の条に「ある人の説では、同年十月に、百済の明王（聖明王）が長さ一尺五寸の阿弥陀仏像と長さ一尺の観音・勢至像を献じた」とあり、これに続けて「ある書によれば、信濃国善光寺の阿弥陀仏像、すなわちこの仏なり。小治田《おはりだ》天皇（推古天皇）十年（六〇二）四月八日、秦巨勢大夫《はたこせたゆう》をして、信濃国へ請け送り奉らせた」とある。
そしてさらに、「善光寺縁記に云う」として、次のように記されている。

欽明天皇十三年（五五二）十月十三日、百済国から阿弥陀三尊像が波に浮かんでやって来て、日本の摂津国難波津にたどり着いた。その後三十七年を経て初めて仏法を知った。すなわち、この三体こそが我が国における最初の仏像なのであり、人々はこれを「本師如来」と呼んだ。推古天皇十年（六〇二）四月八日、この仏の託宣により、天皇はただちに綸旨《りんじ》を下し、信濃国水内郡に移し奉った。我が国最初の仏像であり、霊験あらたかであることは明白である。

この仏像の由来は次の通りである。

釈尊が在世の時、天竺（インド）の毘沙離《びしゃり》国の月蓋長者が釈尊の教え通りに真西の方角に向かって礼拝し、一心に阿弥陀如来、観音菩薩、勢至菩薩を念じると、身の丈一搩手半《いっちゃくしゅはん》（人が母胎にあるときの身長で、一尺二、三寸とされる）の三尊が月蓋長者の家の門の敷居に現れた。長者はこれを目にすると、すぐに三尊を写した像を金銅で鋳造させた。月蓋長者の死後、この仏像は空を飛んで百済国に至った。それから千余年を経た後、日本に渡った。今の善光寺の三尊像は、まさにこの仏像である。

『扶桑略記』に引かれた『善光寺縁記』（以下、『古縁起』）には、すでに、善光寺本尊が日本最初の仏像、三国伝来のものであることが強調されていて、これが『応永縁起』の原型になったと推測できる。ただし、記述がごく短いものとなっているので、これは典拠となっている大元の『善光寺縁起』を抄出したものではないか——という印象を抱かせる。

しかし、これ以上、歴史をさかのぼる『善光寺縁起』は、現存する文献史料に見出すことはできない。ちなみに、『日本書紀』には善光寺はまったく言及されていない。

最古の善光寺縁起は『日本書紀』と『請観音経』がソース

このように『古縁起』の記述からすれば、遅くとも平安時代末期までには、「善光寺の本尊は三国伝来、日本最初の仏像だ」という伝承が成立していたことになる。

しかし、『日本書紀』の公伝記事と『古縁起』を照らし合わせてみると、「日本最初の仏像」について、大きな齟齬があることに気づく。

『日本書紀』によれば、百済からもたらされた仏像とは「釈迦仏の金銅像一軀」であった。つまり、釈迦如来像であった。

それに対して、『古縁起』によれば、それは「阿弥陀三尊像」であった。

釈迦如来と阿弥陀如来は根本的に異なる仏である。

もっとも、仏教伝来当初は日本人は釈迦と阿弥陀の区別がつかなかったので、本当は阿弥陀如来像だったが、『日本書紀』はそれを釈迦仏と誤記したのではないか——という指摘はできよう。阿弥陀信仰が日本に正式に伝えられたのは、仏教公伝からおよそ百年たった七世紀中頃で、中国から帰国した僧・恵隠《えおん》が内裏《だいり》で『無量寿経』を講じたことにはじまる。

しかし、善光寺の本尊が「阿弥陀如来像」のみだったら誤記の可能性も高くなるだろうが、善光寺の本尊は、阿弥陀如来、勢至・観音菩薩の三体がセットになった「阿弥陀三尊像」であり、その特徴ある姿形は、単体の釈迦如来像とは大きく異なる。したがって、仏教公伝時の朝廷が、あるいは『日本書紀』の述作者が、「阿弥陀三尊像」を「釈迦如来像」と誤解した可能性は、極めて低いと言わざるを得ない。

また、仏教公伝時の仏像が『元興寺縁起』では「太子像」（誕生仏）となっていることはすでに指摘した通りだが、もし『元興寺縁起』の記述をとって、日本最初の仏像が太子像だったとしても、それと阿弥陀三尊像との違いはなおさら明らかである。

「三国伝来の仏」とする伝承についても興味深い指摘がある。東晋《とうしん》（三一七〜四二〇年）の難提《なんだい》が漢訳した『請観音経《しょうかんのんきょう》』に、天竺・毘舎離国の月蓋長者が釈迦の導きによって阿弥陀如来と観音・勢至菩薩を念じるという話がみえるので、『古縁起』の三国伝来伝承はこれを典拠として創作されたものだろうとみられているのだ。そして、『請観音経』がいつ日本に伝来したかは定かではないが、『請観音経』の注釈書である『請観音経疏《しょ》』が平安初期の延暦二十三年（八〇四）に入唐《にっとう》し翌年帰朝した最澄《さいちょう》によって唐から将来されたことは明らかとなっている。このことから、本体といえる『請観音経』は奈良時代末期から平安時代初期までには日本に伝わっていたのではないかとする説がある（倉田治夫・倉田邦雄「「善光寺縁起」の諸本と月蓋説話」、『説話』九号所収）

こうしたことからすれば、『古縁起』は、善光寺本尊を「日本最初の仏」「三国伝来の仏」と謳うために、『日本書紀』の仏教公伝記事や『請観音経』をソースとして、奈良時代末期以降に編まれたものなのではないか、という推測が成り立つ。

善光寺本尊は六〜七世紀制作の古像

しかし、『古縁起』が『日本書紀』公伝記事と齟齬があるからといっても、あるいは善光寺本尊が釈迦如来ではなく、また太子像でもなく、あくまでも阿弥陀三尊であっても、そのことは必ずしも善光寺本尊の古さそのものを否定するものではない。

善光寺本尊は、『扶桑略記』や『古縁起』にもとづけば、百済伝来の金銅製阿弥陀三尊像で、中尊の阿弥陀像は像高一尺五寸、脇侍の観音・勢至両菩薩像は像高一尺であるというが、当の本尊は「絶対秘仏」となっているため、これを実見して確かめることはできない。

しかし、その像容を知る手掛かりは、いくつか残されている。

ひとつは、十二世紀ごろに成立したと考えられる図像集『覚禅鈔《かくぜんしょう》』（巻第七）に収められている「善光寺像」の図である。それは、大きな光背を背に三体の仏像が並んだ「一光三尊阿弥陀如来像」で、

『覚禅鈔』(大日本仏教全書収録)の善光寺像。

原本(現存するのは写本のみだが)のこの像の裏書にあたる部分によれば、天台僧の覚忠(一一一八〜七七年)が描いた図を写したものだという(牛山佳幸『善光寺の歴史と信仰』)。覚忠は、著名人のなかで確実に善光寺に参詣したことが知られる最古の例とされる人物である(同書)。

善光寺本尊がいつから秘仏になっていたのかは定かではない。『応永縁起』には、善光寺創建からまもない白雉《はくち》五年(六五四)に本尊の託宣により勅許を得て戸帳を掛けられと記されている。しかし、一般に仏像の秘仏化が進むのは密教が隆盛した平安時代中期以降と考えられるので、善光寺本尊もその頃までは秘仏ではなかった可能性が高い。仮に秘仏だったとしても「絶対秘仏」ではなかったケースも考えられる。そうなると、『覚禅鈔』の図が覚忠による本尊の実見にもとづくものである可能性も高くなるだろう。

また、六年に一度開帳される、鎌倉時代制作とみられる金銅製の前立本尊も、本尊を正確に模刻したものといわれる。これは重要文化財に指定されていて、本尊の像高は四十二・四センチ、脇侍の菩薩像は三十・二〜五センチである。この数値は、中本尊一尺五寸、脇侍一尺とする本尊に関する古伝承に近い。

そして、『覚禅鈔』の善光寺像や前立本尊の像容には、次のような特色を共通して挙げることができる。

①（繰り返しになるが）一つの後背に阿弥陀如来と脇侍の観音・勢至菩薩が並び立つ金銅製の「一光三尊像」である。

②阿弥陀如来は、右手は掌を正面に向けて施無畏《せむい》印をみせ、左手は第二指と第三指をのばして他の指を折るしぐさをしていて、これは刀印《とういん》と呼ばれる。

③脇侍菩薩は宝冠を戴き、胸元で両手の掌と掌を合わせて（梵篋《ぼんきょう》印という）何かを捧げ持つしぐさをしている。

④阿弥陀如来は法衣を右肩を出して着るのが通例だが、両肩に衣がかかっている（通肩）。

これらの特徴は六〜七世紀の仏像によくみられるスタイルで、その源流は中国に求められ、当時の東アジアの仏教圏に流行していた様式とみられるという（『善光寺の歴史と信仰』）。

したがって、『覚禅鈔』の善光寺像や前立本尊が善光寺本尊を写したものだとするならば、善光寺本尊が六～七世紀に制作をさかのぼる古像である可能性は、十分にありえることになる。

9 百済でも善光寺本尊とよく似た金銅仏が出土

さらに興味深いことに、明治時代に法隆寺から皇室に献上された法隆寺献納宝物の中には、このような善光寺本尊とよく似た特徴を示す金銅仏が存在する。

善光寺本尊とよく似た特徴を示していると思われる法隆寺献納宝物143号像（銅造如来及両脇侍立像）。『法隆寺大鏡』（1917年）より。

それは「献納宝物一四三号像」と呼ばれるもので（現・東京国立博物館蔵）、一光三尊像（銅造如来及両脇侍立像）で、左手は正確には刀印ではないが、それに近い印相を示し（第一指から第三指までをのばし、第四指・第五指をまげる）、脇侍も梵篋印に似たしぐさをしている。サイズは中尊が二十八センチ、脇侍が二十一センチで、善光寺本尊の三分の二ほどである。

また、善光寺本尊の光背は舟形で、長い茎をもつ蓮華の上に乗った七体の化仏《けぶつ》が刻されているが、一四三号像の光背文様もこれとよく似ている。

では、この一四三号像はどこで作られたものなのだろうか。国内であろうか、それとも朝鮮、あるいは中国だろうか。

この謎については、東洋美術史学者の大西修也氏によって、百済系の渡来仏であることが突き止められている。百済の都・扶余《フヨ》の佳塔里《カタムリ》から出土した金銅如来像が、一光三尊像の中尊として制作されたものであり、かつ一四三号像と同じ特徴を有していたことが明らかとなったからである（『国宝第一号・広隆寺の弥勒菩薩はどこから来たのか？』）。

さらに、前掲書によれば、朝鮮半島では、辛卯年（五七一年）銘金銅一光三尊仏立像、癸未年（五六三年）銘金銅一光三尊仏立像など、六世紀後半の制作とみられる金銅製一光三尊仏がみつかっている。

このようなことからすれば、善光寺本尊が六世紀後半に百済からもたらされた仏像である可能性は非常に高いということになろう。

善光寺本尊は「日本最古級の仏像」か

六～七世紀の日本仏教の黎明期には、欽明天皇十三年の釈迦仏だけでなく、いくつもの仏像が海を渡って日本に伝来した。文献からざっと拾えるものだけでも、次のような例をあげることができる。

○敏達天皇八年（五七九）…新羅から仏像がおくられた（『日本書紀』）。
○敏達天皇十三年（五八四）…百済から来た鹿深臣《かふかのおみ》が弥勒石像をもたらした（『日本書紀』）。
○推古天皇二十四年（六一六）…新羅から金銅仏がおくられ、蜂岡寺《はちおかでら》（広隆寺）に安置された（『日本書紀』『扶桑略記』『聖徳太子伝暦』）。
○推古天皇三十一年（六二三）…新羅・任那《みまな》が仏像・仏舎利等をおくり、仏像は秦寺《うずまさでら》（蜂岡寺）に安置された（『日本書紀』）。

また、宮城県黒川郡大和町の船形山神社に御神体として伝えられていた銅造菩薩立像（像高十五センチ）は、一光三尊物の脇侍と考えられ、六世紀後半の朝鮮からの渡来仏と考えられるという（『国宝第一号・広隆寺の弥勒菩薩はどこから来たのか？』）。

このようなことからすれば、善光寺本尊についても、六世紀後半に百済から伝来した一光三尊金銅仏のひとつと推測することが可能になる。当初それは畿内に安置されたが、その後何らかの経緯によって信濃に運ばれ、善光寺の創建をもたらして本尊となったのではないだろうか。そして、その渡来した霊像への信仰が、仏教公伝記事や三国伝来伝承との結びつきを生み、縁起が形成されたのではないか。

ちなみに、現在の善光寺の境内地からは平成十九年（二〇〇七）に行われた発掘調査により、俗に「湖東式」と呼ばれる様式の瓦に酷似した単弁六葉蓮華文軒丸瓦の破片が出土した。湖東式が東国で使用されたのは七世紀後半ごろとされている。また大正十三年（一九二四）と昭和二十七年（一九五二）には、七世紀後半創建の飛鳥の川原寺《かわらでら》で使用されたものと同じ様式の古瓦が出土している。したがって、善光寺の伽藍《がらん》創建が七世紀後半にさかのぼりうることはほぼ確実とみられる。

『応永縁起』では善光寺本尊が現在地の草堂に遷されたのは皇極天皇元年（六四二）で、その後ほどなく勅を得て伽藍が造営されたということになっているが、これに比較的近い年代である。

善光寺本尊が、「日本最初の仏像」とは言えないまでも、「現存する日本最古級の仏像」である可能性は、きわめて高そうである。

本田善光は仏の御杖代となった

渡来した阿弥陀三尊像は、なぜ信濃に運ばれることになったのだろうか。

鎌倉時代前期に成立した辞書『伊呂波字類抄』十巻本の「善光寺」の項に善光寺本尊の由来を記した文章があり、これは現存するうちでは、『扶桑略記』所引のもの（『古縁起』）に次いで古い『善光寺縁起』に位置づけられるが、これによると、都から信濃に仏像を運んだのは、信濃国から上洛した

仏像を背負って信濃に向かう本田善光（江戸時代の『善光寺縁起』の版本より）。

若麻績東人《わかおみのあずまびと》となっており、その彼は「この仏像を自ら背負って帰郷した。途中の宿々でも背中から離れなかったので（路次の宿々に敢《あへ》て背を離れず）、各国の国司はこれを聞いて感激し、宿ごとに田租を免じた。本国の麻績村に着くと寺を造って住み、四十一年間仏像を礼拝供養した」という。

また、『応永縁起』では本田善光が三尊像を信濃に運んだことになっているが、このとき、尊像は昼は善光の背に付き、夜は善光を加護したという。

これらは、三尊像が人間に憑依し、仏と人とが一体化して移動したということを表現したものであろう。

このような阿弥陀三尊像の遷座伝承をみて彷彿されるのは、伊勢神宮の鎮座伝承である。

すでに何度か記したが、『日本書紀』によれば、崇神天皇の御世、三輪山の麓に宮居していた天皇は、それまで宮中において同殿共床で祀っていたアマテラス大神の神威を畏れるあまり、皇女豊《とよ》鍬入姫命《すきいりびめのみこと》に命じてこの神を宮中から大和の笠縫邑《かさぬいのむら》に遷し祀らせた。

次の垂仁《すいにん》天皇の二十五年には、勅命により、天照大神は豊鍬入姫命から垂仁帝の皇女倭姫命《やまとひめのみこと》に託された。そして倭姫命は大神の御杖《みつえ》となってその鎮座地を求めて遍歴をはじめ、宇陀をへて近江国、美濃国をめぐって伊勢国に入り、大神の神示に従って伊勢に祠《やしろ》をたてたという。

これは伊勢神宮内宮の創祀縁起となっており、「御杖」つまり神の依り代、御杖代《みつえしろ》となった倭姫命は、アマテラスの御霊代《みたましろ》であり、かつまさに神宝でもある八咫鏡《やたのかがみ》を捧持しながら、大神の託宣にしたがって大和から伊勢までの旅をつづけたと伝統的には解されていて、伊勢の内宮にはその八咫鏡が御神体として祀られているとされている。

ここで改めて善光寺の創建縁起を顧みれば、本田善光（あるいは若麻績東人）は、阿弥陀三尊の霊に憑依され、その託宣に導かれるようにして信濃へ向かったのであり、善光はいわば阿弥陀三尊の御杖代であったともいえる。そして、彼が負った阿弥陀三尊像は、仏そのものではなく、仏の御霊代であった。

伝来当初の仏教が人々を惹きつけたのは、その教えであるよりも前に、仏像という「神宝」が秘めた霊威であり、強力な呪力だったということなのだろう。

神宝の時代から仏像の時代へ

仏教公伝からまもなく、日本は仏像そのものではなく造仏技術を大陸や朝鮮半島から移入し、寺院の建立とともに、国産の仏像が次々につくられはじめる。

そして、公伝から二百年後の天平勝宝《てんぴょうしょうほう》四年（七五二）には、奈良・東大寺に大仏（盧舎那仏《るしゃなぶつ》）が造立され、聖武太上《だいじょう》天皇が玉座に着座するなか、盛大な開眼供養会《かいげんくようえ》が執り行われた。

仏像を強大な呪力をもつ「仏神」の霊威の依り代ととらえた朝廷は、巨大な仏像を都に置くことで、天皇を中心とする国家システムの確立をめざしたのである。これが仏教にもとづく鎮護国家の発想の原点であった。

そして、これを機に仏像は「神宝」としての役割を完全に脱皮し、神を仏の垂迹《すいじゃく》（仮の身、化身）とし、仏を神よりも優位とする、神仏習合の時代が到来する。

かくして、「神宝」の役割は、形をかえて「仏像」に引き継がれていった。

＊

江戸時代のことだが、絶対秘仏を納めた善光寺本堂の厨子が開かれて、本尊が「検分」を受けるという事件があった。

善光寺信仰が庶民にも広まるなか、はたして厨子の中に本当に善光寺本尊が存在するのか、疑う声があがるようになった。そこで、江戸幕府はこの疑惑を憂慮し、幕命を受けた寛永寺の高僧・敬《けい》諶《たん》が善光寺に赴いて、「検仏」を行ったのである。

元禄五年（一六九二）十二月十日朝、敬諶が本堂の瑠璃壇に入り、三人の老僧も後に続いた。厨子の中は日光を反射する鏡で照らされた。そこにはたしかに善光寺本尊が光を放って脇侍とともに実在していたという（坂井衡平『善光寺史』）。

阿弥陀三尊像は、今も善光寺本堂の厨子の奥で、日本の仏教の変遷を見守りつづけているはずである。

あとがき

昨年、福岡の宗像《むなかた》大社が世界文化遺産に登録され、なにかと話題になっているが、この古社にも神宝に関係する断章的な神話がのこされている。

「宗像の大神が天降りして埼門《さきと》山にいたとき、青蕤《あおに》の玉を以て奥津宮《おきつぐう》の表に置き、八尺瓊《やさかに》の紫玉を以て中津宮《なかつぐう》の表に置き、八咫鏡《やたのかがみ》を以て辺津宮《へつぐう》の表に置いた。この三つの表を以て神体の形と成し、三つの宮に納めて隠れた」(『筑前国風土記（西海道風土記）』逸文)

三宮からなる宗像大社は、宗像の神が将来した神宝である玉と鏡をご神体としている、というのである。この伝承がどれだけの史実を伝えているのかは不明だが、宗像大社沖津宮《おきつぐう》が鎮座する玄界灘の孤島・沖ノ島の祭祀遺跡から多量の鏡・玉がみつかっていることは興味をそそる。

このように神宝伝承は日本各地に見出すことができるわけだが、その聖性と価値の源泉をたどってゆけば、あるひとつの神宝にたどりつく。それは、伊勢神宮の八咫鏡である。しかし、これについては安易に論じるべきではないと思ったので深く触れなかった。というか、触れることができなかった。

手にしたえらく古そうなレンガのかけらが紀元前二〇〇〇年に栄えたパキスタンのモヘンジョ・

ダロ遺跡のものだと聞かされれば、人は深い感慨を抱くだろうが、そうだと知らなければ、それはただの土くれにすぎない。広隆寺の弥勒菩薩像も、モノとしてみればただの古木にすぎない。本書でとりあげた神宝についてもこれと同じようなことがあてはまろう。そこに価値をこめているのは、つまるところ、人間の心だ。

最後に、本書執筆の機会を与えてくださった治田武士氏と二見書房の船津歩氏にこの場を借りてお礼申し上げます。

平成三十年二月

古川順弘

引用文献・主要参考文献一覧

全般にわたるもの

日本學士院編『帝室制度史　第五巻』……吉川弘文館、一九七九年（一九四二年刊の覆刻。記紀、『古語拾遺』をはじめとする古典資料の中から、三種の神器に関する記事を収集してまとめたもの。『尾張国熱田太神宮縁起』『釈日本紀』『日本紀略』『小右記』などの該当記事も収録）

大倉精神文化研究所編『神典』……一九三六年（記紀、『風土記』、『延喜式』〔抄〕、『出雲国造神賀詞』、『新撰姓氏録』などを収録）

『訓読　続日本紀』……臨川書店、一九八六年

飯田季治編『標註先代旧事本紀』……明文社、一九四七年

谷川健一編『日本の神々』（全十三巻）……白水社、一九八四〜八七年

神社本庁編『平成「祭」データ　全国神社祭祀祭礼総合調査』……一九九五年（CD-ROM）

大林太良ほか監修『日本神話事典』……大和書房、一九九七年

國學院大學日本文化研究所編『縮刷版神道事典』……弘文堂、一九九九年

＊『日本書紀』『古語拾遺』は岩波文庫版を、『古事記』は新潮古典集成版・角川文庫版をおもに参照した。また、『政事要略』『新抄格勅符抄』『日本文徳天皇実録』『百錬抄』『釈日本紀』『扶桑略記』は国史大系版を参照した。

第一章　熱田神宮と草薙剣

真弓常忠編『住吉大社事典』……国書刊行会、二〇〇九年

『田中卓著作集七　住吉大社神代記の研究』……一九九八年

沖森卓也ほか編著『古代氏文集』……山川出版社、二〇一二年（『住吉大社神代記』収録）

麻原美子ほか編『屋代本高野本対照　平家物語（三）』……新典社、一九九三年

川口陟『定本日本刀剣全史　第一巻』……歴史図書出版社、一九七三年（『玉籤集』裏書収録）

森浩一『日本神話の考古学』……朝日文庫、一九九九年
津田左右吉『日本古典の研究・上』……岩波書店、一九四八年
松前健『日本神話の謎』……大和書房、一九八五年
稲田智宏『三種の神器』……学研新書、二〇〇七年
竹田理三編『古代天皇制と社会構造』……校倉書房、一九八〇年
『昭和天皇独白録』……文春文庫、一九九五年
宮内庁編『昭和天皇実録　第九巻』……東京書籍、二〇一六年
『熱田神宮昭和造営誌』……熱田神宮宮庁、一九六六年

第二章　石上神宮と神剣フツノミタマ

藤井稔『石上神宮の七支刀と菅政友』……吉川弘文館、二〇〇五年
石上神宮編『石上神宮宝物誌』……石上神宮、一九三〇年
『神道大系神社編十二　大神・石上』……神道大系編纂会、一九八九年
和田萃編『大神と石上』……筑摩書房、一九八八年
大場磐雄編『神道考古学講座　第五巻』……雄山閣出版、一九七二年
上田正昭『倭国の世界』……講談社現代新書、一九七六年
武光誠『大和朝廷と天皇家』……平凡社新書、二〇〇三年
福永光司『道教と古代日本』……人文書院、一九八七年
岡田精司『新編　神社の古代史』……学生社、二〇一一年
黒坂伸夫ほか編『日本後紀』……集英社、二〇〇三年
『吉備群書集成　第七輯』……吉備群書集成刊行会、一九三三年（『吉備温故秘録』の石上布都魂神社の項を収録）
『新編日本古典文学全集五十六　太平記（三）』……小学館、一九九七年
篠川賢『物部氏の研究』……雄山閣、二〇〇九年
前田晴人『物部氏の伝承と史実』……同成社、二〇一七年

第三章　石上神宮の〈十種の神宝〉と出石神社の〈アメノヒボコの神宝〉

新谷尚紀『伊勢神宮と出雲大社』……講談社、二〇〇九年

新谷尚紀「大和王権と鎮魂祭」、『国立歴史民俗博物館研究報告』……第一五二集所収、二〇〇九年（『貞観儀式』の鎮魂祭儀条収録）

『増訂故実叢書第二　江家次第』……吉川弘文館、一九五三年

永積寅彦『昭和天皇と私』……学習研究社、一九九二年

三品彰英『増補・日鮮神話伝説の研究』（三品彰英論文集第四巻）……平凡社、一九七二年

森浩一『記紀の考古学』……朝日文庫、二〇〇五年

瀬戸谷晧ほか『アメノヒボコ』……神戸新聞総合出版センター、一九九七年

上田正昭・鎌田純一『日本の神々　『先代旧事本紀』の復権』……大和書房、二〇〇四年

第四章　出雲大社とミスマルの玉

『史料通覧　左経記』……日本史籍保存会、一九一五年

中山太郎『日本民俗学辞典』……昭和書房、一九三五年

千家尊統『出雲大社』……学生社、一九六八年

若井敏明『「神話」から読み直す古代天皇史』……洋泉社、二〇一七年

岡本雅享『出雲を原郷とする人たち』……藤原書店、二〇一六年

村井康彦『出雲と大和』……岩波新書、二〇一三年

前田晴人『古代出雲』……吉川弘文館、二〇〇六年

菊地照夫『古代王権の宗教的世界観と出雲』……同成社、二〇一六年

上田正昭編『出雲の神々』……筑摩書房、一九八七年

第五章　日前神宮・国懸神宮の日像鏡と日矛

『大日本名所図会　第二輯第八編紀伊名所図会』……大日本名所図会刊行会、一九二二年（『紀伊国名所図会』収録）
『紀伊続風土記　第一輯』……歴史図書社、一九七〇年（江戸期の刊本の活字本）
本居宣長『古事記伝（二）』……岩波文庫、一九四一年
渡辺真弓『神道と日本仏教』……ぺりかん社、一九九一年
『官幣大社日前神宮・国懸神宮本紀大略』……日前・国懸両神宮社務所、一九八四年（大正五年刊の複製）

第六章　アマテル神社の神鏡

『神道大系神社編五　大和国』……神道大系編纂会、一九八七年
森浩一編『鏡』……社会思想社、一九七八年
奈良県教育会『改訂大和志料』（全三巻）……養徳社、一九四四～四六年

第七章　善光寺の秘仏、阿弥陀三尊像

『日本思想大系二十　寺社縁起』……岩波書店、一九七五年（『元興寺縁起』収録）
『上宮聖徳法王帝説』……岩波文庫、二〇一三年
伊藤聡『神道とは何か』……中公新書、二〇一二年
倉田治夫・倉田邦雄「『善光寺縁起』の諸本と月蓋説話」、『説話』……九号所収、一九九一年
牛山佳幸『善光寺の歴史と信仰』……法蔵館、二〇一六年
大西修也『国宝第一号・広隆寺の弥勒菩薩はどこから来たのか？』……静山社文庫、二〇一一年
坂井衡平『善光寺史』（全二巻）……東京美術、一九六九年
小林計一郎『善光寺史研究』……信濃毎日新聞社、二〇〇〇年
宮元健次『善光寺の謎』……祥伝社黄金文庫、二〇〇九年

古川順弘（ふるかわ・のぶひろ）

1970年神奈川県生まれ。早稲田大学第一文学部卒。宗教・歴史分野をメインとする編集者・ライター。著書に『「日本の神々」の正体』（洋泉社新書）、『神社に秘められた日本史の謎』（監修＝新谷尚紀／洋泉社新書）、『イラストでよくわかる日本の神様図鑑』（イラスト＝カワグチニラコ／青幻舎）、『物語と挿絵で楽しむ聖書』（画＝宇野亞喜良／ナツメ社）、『古事記と王権の呪術』（コスモス・ライブラリー）などがある。2017年より、洋泉社サイト「歴史REAL WEB」にて「神社の経済学」を連載中。

古代神宝《こだいしんぽう》の謎《なぞ》
——神々《かみがみ》の秘宝《ひほう》が語《かた》る日本人《にほんじん》の信仰《しんこう》の源流《げんりゅう》

著　者　古川順弘《ふるかわのぶひろ》

発行所　株式会社　二見書房
東京都千代田区神田三崎町2-18-11
電　話　03（3515）2311［営業］
03（3515）2313［編集］
振　替　00170-4-2639

印　刷　株式会社　堀内印刷所
製　本　株式会社　村上製本所

落丁・乱丁本はお取り替えいたします。
定価は、カバーに表示してあります。

ISBN 978-4-576-18046-5
http://www.futami.co.jp/